여행 갈 때 필요한
최소한의 영어

왕초보
여행영어

여행 갈 때 필요한 최소한의 영어

왕초보 여행영어

지은이 서미소랑
펴낸이 임상진
펴낸곳 (주)넥서스

초판 1쇄 발행 2018년 1월 5일
초판 9쇄 발행 2022년 7월 15일

2판 1쇄 발행 2023년 9월 20일
2판 2쇄 발행 2023년 9월 25일

출판신고 1992년 4월 3일 제311-2002-2호
주소 10880 경기도 파주시 지목로 5
전화 (02)330-5500 팩스 (02)330-5555

ISBN 979-11-6683-471-4 13740

www.nexusbook.com

여행 갈 때 필요한 최소한의 영어

왕초보
여행영어

서미소랑 지음

넥서스

여행영어는 뻔합니다. 한두 단어만 바꾼 패턴들의 반복이고 따져 보면 주제는 제한적입니다. 그럼에도 우리에게 회화가 부담스러운 이유는, 단어는 알아도 완전한 문장으로 만드는 건 어렵고, 문법은 지켜도 전달되는 뉘앙스를 파악하기 어렵기 때문이죠. 교과서에 나오는 표현들은 너무 딱딱하고 시판되는 몇몇 교재들에 나오는 표현들은 현지에서 사용하면 무례하고 어색하게 들릴 가능성이 높습니다.

이 책에서 소개하는 50개의 패턴들은 제가 20년간 외국에 살면서 직접 접한 표현 중 우리나라 사람들이 외우기 쉬우면서도 현지에서 사용했을 때 격이 떨어지지 않는 표현들입니다. 믿고 사용하시면서 즐거운 여행 되시길 바랍니다.

이 책에 도움을 주신 분들께 감사드립니다.
최고의 파트너 넥서스 전애연 대리님, 추천사 요청에 흔쾌히 응해 주신 김호윤 셰프님, 데니스 홍 교수님, 에드워드 권 셰프님, 이기상 선배님, 가수 임다미 님, 조혜련 선배님, 처음부터 같이 고민해 주신 오현호 파일럿, 김화정 대표님, 주치남 선생님, EBSe 〈서미소랑의 돈워리 렛츠고〉 이일주 부장님, 류남이 부장님, 임혜규 피디님을 비롯한 제작진,

그리고 늘 응원해 주시는 서울법대 ALP 25기, 한국 방송 진행자 연합, 박세경 피디님, 박정보 피디님, 서철 이사장님, 홍명숙 사모님, 서정국 변호사님께 깊은 감사의 말씀 드립니다.

🐢 서미소랑 드림

이 책을 추천합니다

단기간에 여행에 필요한 영어를 잘할 수 있을까? 내가 원하는 것은 단순히 여행을 무사히 다녀오는 것이 아니라 이번 여행을 준비하며 영어 실력 또한 높이고 싶은 것이다. 찾았다. 이번 기회에 내 실력을 높여 줄 영어책!

김호윤 (셰프, 오스테리아 오르조, 국제요리제과학교 명예교수)

세계 많은 나라를 돌아다니다 보면, 신기하게도 어느 나라건 무슨 일정이건 한 번씩은 꼭 사용하게 되는 표현들이 있다. 이 책은, 언제나 사람들을 편하게 해 주고 세련된 말솜씨로 대화를 이끌어 가는 그녀가, 알짜배기 표현들만 모아서 정리한 아주 유용한 책이다.

데니스 홍 (로봇공학자, UCLA RoMeLa 로봇 연구소 소장)

서미소랑의 왕초보 여행영어. 낯선 곳에서 낯선 상황에 직면할 당신의 여행에 든든한 친구가 되어 줍니다!

에드워드 권 (호텔 르메르디앙 LAB XXIV 총괄셰프)

언제나 밝고 따뜻한 에너지를 주는 사람이 있다. 남의 이야기를 눈 맞추며 들어 주고, 옆에 있는 사람에게 힘을 주는 사람. 언어는 그렇게 사람을 나타 낸다. 모든 일에 철두철미하지만, 늘 웃으며 최선을 다하는 이 사람의 책은 기존의 영어회화 책들과는 다르다. 일단 펴 보시라.

이기상 (방송인, 한국 방송 진행자 연합 회장)

어렸을 때부터 봐 온 미소랑 언니는 일이면 일, 공부면 공부, 뭐든 열정적으로 똑 부러지게 해내는 사람이었습니다. 이 책은 그녀의 성격처럼 꼼꼼하면서도 친절해서 더욱 자연스럽고 재미있게 영어를 익힐 수 있게 도와줄 것입니다. 실용적이면서도 세련된 표현들을 배우고 싶다면 이 책을 추천합니다.

임다미 (가수, 엑스펙터 오스트레일리아 우승자)

언어계의 만능 엔터테이너 서미소랑 님의 멋진 영어책 출간을 진심으로 축하드려요. 가까이에서 본 미소랑은 이름 그대로 늘 미소 짓고 사는 여자입니다. 언어도 그렇게 공부하도록 이끌어 주지요. 이젠 어쩔 수 없이 하는 영어가 아니라, 미소랑과 미소 지으며 편하게 하는 영어로 고고씽!

조혜련 (방송인, 가수, 희극인)

이 책의 구성

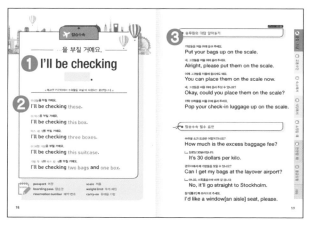

을 부칠 거예요.

I'll be checking

❶ **필수 패턴 확인하기**
여행 갈 때 꼭! 필요한 필수 패턴을 상황별로 정리했습니다.
활용도 높고 중요한 표현들이니 꼭 기억해야겠죠?

❷ **패턴 응용하기**
필수 패턴을 활용한 예시를 볼 수 있습니다.
초록색 부분을 원하는 단어로 바꿔서 말하면 OK!

❸ **바로 듣고 바로 말하는 필수 표현**
꼭 필요한 표현들을 엄선했습니다. 왕초보 맞춤형 쉬운 영어이면
서도 상대방에서 호감을 줄 수 있는 공손한 표현들입니다.

❹ 상황별 실전회화 & 한눈에 보는 표지판

상황별 실전회화를 통해 각 상황에서 대화가 어떻게 흘러가는지 확인할 수 있습니다. 또한 표지판을 보고 무슨 뜻인지 바로 알아낼 수 있도록 자주 볼 수 있는 표지판들을 한곳에 모았습니다.

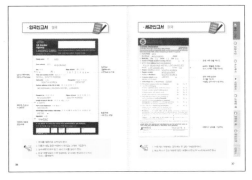

❺ 여행 도우미

여행에 도움이 되는 꿀팁도 함께 알려 드립니다. 유용한 정보가 많이 담겨 있으니 꼭 확인하세요.

동영상 강의 · MP3 듣는 법

저자 동영상 강의

☑ 동영상 강의 무료 제공

책과 함께 저자 직강 동영상 강의를 보세요. EBSe '돈워리 렛츠고'의 서미소랑 선생님이 왕초보 영어로 여행을 즐길 수 있는 팁들을 콕콕 집어 알려 줍니다. 여행영어 표현들을 무작정 외울 필요 없이 쉽게 이해할 수 있도록 도와줍니다.

클릭!클릭!!!

MP3 + 강의

☑ QR코드 이용

휴대폰에서 QR코드 리더기로 아래 QR코드를 인식하면 이 책의 MP3와 저자 강의를 한 번에 들을 수 있는 페이지가 나옵니다.

✓ 네이버 오디오클립 이용

MP3는 네이버 오디오클립 어플에서도 들을 수 있습니다. 원어민들의 정확한 발음을 들으면서 함께 공부해 보세요.

✓ 넥서스 홈페이지 이용

컴퓨터에서 www.nexusbook.com에 접속하면 압축된 MP3 파일을 한 번에 다운받을 수 있습니다.

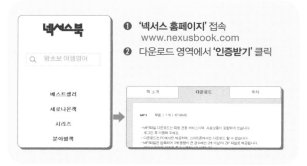

❶ '넥서스 홈페이지' 접속
www.nexusbook.com
❷ 다운로드 영역에서 **'인증받기'** 클릭

초간단 필수 표현 TOP 10

안녕하세요.	Hi.
고맙습니다.	Thank you.
실례합니다.	Excuse me.
네?	Sorry?
죄송합니다.	I'm sorry.

안녕히 계세요.	Bye.
(사과 받았을 때) 괜찮아요.	That's okay.
(거절할 때) 괜찮아요.	No thanks.
도와주실래요?	Can you help me?
천천히 말해 주시겠어요?	Could you speak slowly?

언제 ~ 하나요?	When ~?
~ 해야 하나요?	Do I have to ~?
~을 아시나요?	Do you know ~?
~ 해도 되나요?	Can I ~?
~ 있어요?	Is there ~?

~ 얼마예요?	**How much is ~?**
~ 주세요.	**~, please.**
~은 어디예요?	**Where's ~?**
~은 뭐예요?	**What's ~?**
~이 안 돼요.	**~ doesn't work.**

목차

🛍️ 쇼핑할 때

📷 관광할 때

⚕️ 응급상황

CHAPTER
1

MP3
동영상강의

공항·기내에서

…을 부칠 거예요.

I'll be checking

⬛.

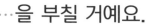

★체크인 카운터에서 수하물을 부칠 때 사용하는 표현입니다.★

이것들을 부칠 거예요.
I'll be checking these.

이 박스를 부칠 거예요.
I'll be checking this box.

박스 세 개를 부칠 거예요.
I'll be checking three boxes.

이 여행 가방을 부칠 거예요.
I'll be checking this suitcase.

가방 두 개와 박스 한 개를 부칠 거예요.
I'll be checking two bags **and** one box.

WORDS

passport 여권
boarding pass 탑승권
reservation number 예약 번호

scale 저울
weight limit 무게 제한
carry-on 휴대용 가방

② 공항·기내

⑩ 교통수단

⑩ 숙소에서

① 식당에서

① 쇼핑할 때

① 관광할 때

① 아프거나 위급상황

위급상황

비즈니스

승무원의 대답 알아듣기

가방들을 저울 위에 올려 주세요.
Put your bags up on the scale.

네, 그것들을 저울 위에 올려 주세요.
Alright, please put them on the scale.

이제 그것들을 저울에 올리셔도 돼요.
You can place them on the scale now.

네, 그것들을 저울 위에 올려 주실 수 있나요?
Okay, could you place them on the scale?

위탁 수하물을 저울 위에 올려 주세요.
Pop your check-in luggage up on the scale.

탑승수속 필수 표현

수하물 초과 요금은 어떻게 되나요?
How much is the excess baggage fee?

└ 킬로당 30달러입니다.
It's 30 dollars per kilo.

경유지에서 제 가방들을 찾을 수 있나요?
Can I get my bags at the layover airport?

└ 아니요, 스톡홀름으로 바로 갈 겁니다.
No, it'll go straight to Stockholm.

창가[통로] 쪽 좌석으로 주세요.
I'd like a window[an aisle] seat, please.

19

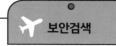

…을 벗을까요?

Should I take my ___ off?

★보안검색대를 통과할 때 모자나 신발을 벗어야 하는 경우가 있습니다.
옷이나 장신구를 벗어야 하는지 물어볼 때 이렇게 말합니다. ★

벨트를 풀어야 하나요?
Should I take my belt off?

신발을 벗어야 하나요?
Should I take my shoes off?

재킷을 벗어야 하나요?
Should I take my jacket off?

시계를 풀어야 하나요?
Should I take my watch off?

모자를 벗어야 하나요?
Should I take my hat[cap] off?

WORDS

notebook/laptop 노트북
tablet 태블릿
liquid 액체

prohibit 금지하다
detector 탐지기
scanner 스캐너

20

보안검색 요원의 지시사항 알아듣기

탐지기를 통과해 주세요.

Please walk through the detector.

금속 탐지기를 통과해 주세요.

Go through the metal detector, please.

전신 스캐너를 통과해 주세요.

Please walk through the body scanner.

이제 스캐너를 통과하셔도 됩니다.

You may now step through the scanner.

스캐너를 통과해 주실 수 있나요?

Could you proceed through the scanner?

보안검색 필수 표현

모든 액체류와 젤류를 꺼내 주세요.

Please take out all liquids and gels.

그건 버리셔야 해요.

You're gonna have to throw that away.

소지하고 계신 동전이나 금속 있으신가요?

Do you have any coins or metal on you?

그게 거기 안에 있다는 걸 깜빡했어요.

I forgot it was in there.

이게 금지 품목인지 몰랐어요.

I didn't know this was prohibited.

21

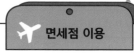

—…의 면세 한도는 어떻게 되나요?—

What's the duty-free limit for ?

★우리나라 해외여행 면세 한도는 600달러, 술은 1L미만, 담배는 1보루입니다. ★

주류의 면세 허용치는 어떻게 되나요?
What's the duty-free limit for liquor?

담배의 면세 허용치는 어떻게 되나요?
What's the duty-free limit for cigarettes?

화장품의 면세 허용치는 어떻게 되나요?
What's the duty-free limit for cosmetics?

개인용품의 면세 허용치는 어떻게 되나요?
What's the duty-free limit for personal effects?

WORDS

recommendation 추천
on sale 세일 중인
best-seller 가장 잘 팔리는

cigarettes 담배
pack 갑
per person 1인당

상대방의 대답 알아듣기

1인당 양주 1리터입니다.
1 liter of spirits per person.

1인당 450유로입니다.
450 euros' worth per person.

한도는 1인당 25그램입니다.
The limit's 25 grams per person.

1인당 3리터까지 허용됩니다.
You're allowed up to 3 liters per person.

면세 한도는 1인당 1보루입니다.
The duty free limit is 1 carton per person.

면세점 필수 표현

달러로는 얼마인가요?
How much is it in dollars?

남은 금액은 이 카드로 결제할게요.
I'll pay the rest with this card.

할인쿠폰은 어디서 구하나요?
Where can I get the discount coupon?

다른 지점에서 교환 가능한가요?
Can I exchange this at another store?

탑승권과 여권 주세요.
Boarding pass and passport, please.

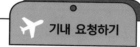

···을 줄 수 있나요?

Can I get ___?

★ 기내에서 제공되는 용품 외에 필요한 물품을 요청할 수 있습니다.
요청할 때는 이렇게 말합니다.★

칫솔을 줄 수 있나요?

Can I get a toothbrush?

아이 마스크를 줄 수 있나요?

Can I get an eye mask?

베개 하나 더 줄 수 있나요?

Can I get an extra pillow?

오늘 날짜 신문을 줄 수 있나요?

Can I get today's newspaper?

입국 신고서를 하나 더 줄 수 있나요?

Can I get another arrival form[card]?

WORDS

compartment 짐칸
call button 호출 버튼
earplugs 귀마개

window shade 창문 덮개
airplane mode 비행기 모드
recline seat 좌석을 눕히다

MP3 01-04

승무원의 대답 알아듣기

물론이죠. 하나면 되나요?
Sure. Just one?

네. 한국어로 된 거요?
Certainly. In Korean?

개당 2달러에 팔고 있어요.
We sell them for $2 each.

물론이죠. 잠시만요.
Of course. Hold on a minute.

죄송합니다만, 다 떨어졌어요.
I'm sorry, but we've run out.

기내 필수 표현

의자를 올려 주세요.
Please upright your chair.

창문 덮개를 올려 주시겠어요?
Could you open the window cover?

저 좌석으로 옮겨도 되나요?
Can I move to that seat?

└ 네, 이륙 후에 옮길 수 있어요.
You can, but after take-off.

언제 면세품을 살 수 있나요?
When can I buy duty-free items?

25

✈ 기내 서비스

···을 줄 수 있나요?

May I have [____]?

★ 기내에서 간식이나 음료 등을 요청하거나
원하는 기내식을 말할 때에는 다음과 같이 말할 수 있어요. ★

간식 좀 줄 수 있나요?
May I have some snacks?

와인 한 잔 줄 수 있나요?
May I have a glass of wine?

병에 든 물 하나 줄 수 있나요?
May I have water in a bottle?

빵을 좀 더 줄 수 있나요?
May I have some more bread?

땅콩을 좀 더 줄 수 있나요?
May I have some more peanuts?

in-flight meal 기내식	**skip** 거르다
tray table 식사 테이블	**snack** 간식
beverage cart 음료 카트	**extra charge** 추가 요금

기내식 메뉴 알아듣기

커피나 차 드릴까요?
Coffee or tea?

생선과 소고기 중 어떤 걸로 드릴까요?
What would you like, fish or beef?

생선, 면 요리, 그리고 샌드위치가 있습니다.
There's fish, noodles, and sandwich.

치킨 샌드위치 또는 면 요리가 있습니다.
We have chicken sandwich or noodles.

어떤 걸로 드릴까요? 소고기 아니면 샐러드?
Which would you like sir? Beef or salad?

기내 필수 표현

(거절할 때) 전 괜찮아요, 감사합니다.
I'm good, thanks.

치킨으로 할게요, 감사해요.
I'll have the chicken, thanks.

어떤 주스가 있나요?
What kind of juice do you have?

밥이 곁들여진 게 있나요?
Do you have anything with rice?

자느라 식사를 놓쳤어요.
I was sleeping, and missed my meal.

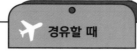

경유할 때

A를 …해도 되나요?

Can I ___ the A?

★ 경유지에서 비행기를 환승할 때 공항을 나가도 되는지,
면세점을 이용해도 되는지 궁금하셨죠?★

공항을 나가도 **되나요?**
Can I leave **the** airport**?**

면세점을 이용해도 **되나요?**
Can I use **the** duty-free shops**?**

환승 라운지를 이용해도 **되나요?**
Can I use **the** transit lounge**?**

이 수하물을 부쳐도 **되나요?**
Can I check **this** luggage**?**

다음 연결 편을 타도 **되나요?**
Can I catch **the** next connecting flight**?**

transfer 환승
transit 통과, 환승
connecting flight 연결 편

smoking room 흡연실
sleeping area 수면실
extra fee 추가 비용

상대방의 대답 알아듣기

찾아봐 드릴게요.
Let me look it up for you.

여권을 보여 주시겠어요?
Can you show me your passport?

탑승권을 보여 주세요.
Let me look at your boarding pass.

탑승권을 보여 주시겠어요?
Would you show me your boarding pass?

여권과 탑승권을 볼 수 있을까요?
Can I see your passport and boarding pass?

경유 시 필수 표현

브리즈번행 연결 편을 놓쳤어요.
I missed my connecting flight to Brisbane.

└ 다음에 가능한 항공편을 잡아 드릴게요.
I'll put you on the next available flight.

추가 요금을 내야 하나요?
Do I have to pay an extra fee?

└ 아니요.
No, you don't.

환승 카운터는 어디에 있나요?
Where's the transit desk?

입국심사

··· 하러 왔어요.

I came to/on

★도착지 입국 심사관에게 방문 목적을 알려줄 때 사용하는 대표 표현입니다.★

공부하러 왔어요.
I came to study.

관광하러 왔어요.
I came to travel.

가족을 보러 왔어요.
I came to see my family.

휴가차 왔어요.
I came on vacation.

업무차 왔어요.
I came on business.

student 학생	**purpose of visit** 방문 목적
housewife 주부	**round ticket** 왕복 표
freelancer 프리랜서	**return ticket** 귀국 표

입국 심사관의 질문 알아듣기

얼마 동안 방문하시나요?
How long is this visit?

이곳에 얼마 동안 머무르실 겁니까?
For how long will you be here?

네, 그리고 방문 기간이 어떻게 되나요?
Okay, and how long's your visit?

파리에 얼마나 머무르실 거예요?
How long are you staying in Paris?

얼마나 오래 계실 계획인가요?
For how long do you intend to stay?

입국심사 필수 표현

약 2주간 체류할 겁니다.
I'm going to stay for about two weeks.

직업이 무엇인가요?
What's your occupation?

└ IT 회사에서 일합니다.
I work for an IT company.

귀국 항공권은 있나요?
Do you have a return ticket?

뉴욕에는 왜 오셨나요?
What brings you to New York?

예약·기내 / 교통수단 / 숙소에서 / 식당에서 / 쇼핑할 때 / 관광할 때 / 이동하면서 / 서비스

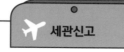

── 주로 A하고 B 조금이요. ──

Mostly A,
and some B.

★도착지 세관 심사관의 가방 안에 어떤 물건이 들어 있는지
물어볼 때 다음과 같이 말하면 됩니다. ★

주로 책하고 치즈 조금이요.
Mostly books, **and** some cheese.

주로 옷하고 기념품 조금이요.
Mostly clothes, **and** some souvenirs.

주로 말린 망고하고 캔디류 조금이요.
Mostly dried mangoes, **and** some sweets.

주로 부모님 드릴 선물이요.
Mostly presents for my parents.

주로 친구들 줄 영양제요.
Mostly supplements for my friends.

tax 세금	**duty-free allowance** 면세 한도
fine 벌금	**declaration card** 세관 신고서
cash 현금	**in/inside** ~(안)에

세관 심사관의 질문 알아듣기

이 가방 안에 무엇이 있나요?
What's in this bag?

이 안을 봐도 될까요?
Can I look inside this?

저 박스 안에는 뭘 가지고 계신가요?
What do you have in that box?

다른 거 안에도 뭐가 있는지 보여 주세요.
Please show me what's in the other one.

배낭 안에 무엇이 있는지 말해 주실 수 있나요?
Can you tell me what's in your backpack?

세관신고 필수 표현

신고하실 게 있나요?
Do you have anything to declare?

화폐는 얼마나 가지고 계신가요?
How much currency do you have on you?

└ 800달러하고 350유로 정도요.
About 800 US dollars and 350 euros.

이건 뭔가요?
What is this?

└ 아, 그건 조카에게 줄 장난감이에요.
Oh, that's a toy for my nephew.

엽양·기내

교통수단

숙소에서

식당에서

쇼핑할 때

관광할 때

응급상황

인덱스

· 공항에서 대화하기

🎧 MP3 01-09

😎 세관심사관   Do you have anything to declare?

🧑 여행자   Yes, I have some food.

😎 세관심사관   Can you show me?

🧑 여행자   Sure. Mostly dried fruits, and some snacks.

😎 세관심사관   No problem. And what's in this bag?

🧑 여행자   Mostly books, and some souvenirs.

😎 세관심사관   Alright, thanks. You're good to go.

🧑 여행자   Thanks, bye.

· 세관심사관   신고하실 게 있나요?

· 여행자   네, 음식이 좀 있어요.

· 세관심사관   보여 주시겠어요?

· 여행자   물론이죠. 주로 말린 과일하고 간식거리 조금이에요.

· 세관심사관   문제될 게 없네요. 그리고 이 가방 안에는 무엇이 있나요?

· 여행자   주로 책하고 기념품 조금이요.

· 세관심사관   네, 고맙습니다. 가셔도 좋아요.

· 여행자   감사합니다. 안녕히 계세요.

· 한눈에 보는 표지판

🎧 MP3 01-10

 DEPARTURES
출국

 ARRIVALS
입국

 CHECK-IN
탑승수속

 BAGGAGE CLAIM
수하물 찾는 곳

 PASSPORT CONTROL
입국 심사

 CUSTOMS
세관 심사

 BOARDING GATES
탑승구

 TRANSFER
환승

 SECURITY
보안 검색

 TAX REFUND
세금 환급

· 입국신고서 영국

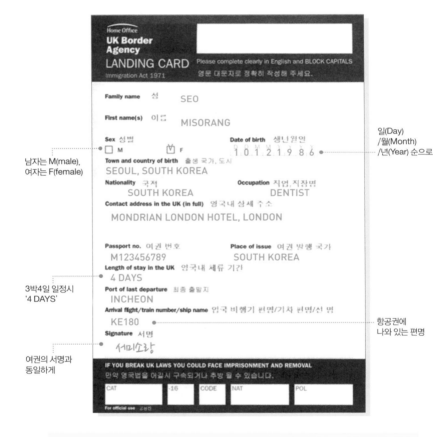

Home Office
UK Border Agency
LANDING CARD
Immigration Act 1971

Please complete clearly in English and BLOCK CAPITALS
영문 대문자로 정확히 작성해 주세요.

Family name 성   SEO

First name(s) 이름   MISORANG

Sex 성별   ☐ M   ☑ F

남자는 M(male),
여자는 F(female)

Date of birth 생년월일
1 0 . 1 2 . 1 9 8 6

일(Day)
/월(Month)
/년(Year) 순으로

Town and country of birth 출생 국가, 도시
SEOUL, SOUTH KOREA

Nationality 국적
SOUTH KOREA

Occupation 직업, 지잔명
DENTIST

Contact address in the UK (in full) 영국내 상세 주소
MONDRIAN LONDON HOTEL, LONDON

Passport no. 여권 번호
M123456789

Place of issue 여권 발행 국가
SOUTH KOREA

Length of stay in the UK 입국내 체류 기간
4 DAYS

3박4일 일정시
'4 DAYS'

Port of last departure 최종 출발지
INCHEON

Arrival flight/train number/ship name 입국 비행기 편명/기차 편명/선 명
KE180

항공권에
나와 있는 편명

Signature 서명
서미소랑

여권의 서명과
동일하게

IF YOU BREAK UK LAWS YOU COULD FACE IMPRISONMENT AND REMOVAL
만약 영국법을 어길시 구속되거나 추방 될 수 있습니다.

CAT	-16	CODE	NAT	POL

For official use 공무인

 TIP

1. 영어를 대문자로 또박또박 쓴다.

2. 이름과 생일 등은 여권에 나와 있는 그대로 기입한다.

3. 실수하면 지우지 말고 새 신고서를 달라고 한다.

4. 한국 여행객들이 자주 방문하는 국가에는 한국어 신고서가
   있으니 물어보자.

동행 가족 수를 적는다.

(a)에는 호텔명, (b)에는 도시, (c)에는 주를 적는다.

도착 전에 경유한 국가를 적는다. 직항일 경우 빈칸으로 둔다.

서명하고 날짜를 기입한다.

TIP

1. 가족끼리 여행하는 경우에는 한 장만 작성하면 된다.

2. 체크 박스가 있는 부분은 일반 여행자라면 모두 No에 체크하면 된다.

CHAPTER
2

MP3
동영상강의

교통수단

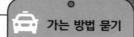

가는 방법 묻기

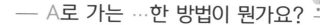

— A로 가는 …한 방법이 뭔가요? —

What's ____ way to A?

★ 현지인에게 물어보는 게 제일 빠르고 정확하겠죠?
교통수단에 대해 물어볼 때 이렇게 말하면 됩니다. ★

이 주소로 가는 가장 좋은 **방법이 뭔가요?**
What's the best **way to** this address?

루브르 박물관으로 가는 가장 안전한 **방법이 뭔가요?**
What's the safest **way to** the Louvre?

공항으로 가는 가장 빠른 **방법이 뭔가요?**
What's the fastest **way to** the airport?

공원으로 가는 가장 저렴한 **방법이 뭔가요?**
What's the cheapest **way to** the park?

마켓으로 가는 가장 쉬운 **방법이 뭔가요?**
What's the easiest **way to** the market?

taxi/cab 택시
bus 버스
subway/metro/tube 지하철

train 열차, 기차
rush hour 출퇴근 시간
traffic jam 교통체증

상대방의 대답 알아듣기

지하철을 타는 게 좋을 거예요.
You should take the subway.

32번 버스를 타시면 돼요.
You can take the number 32 bus.

버스나 지하철이 제일 좋을 거예요.
The bus or subway is your best bet.

거기로 가는 초고속 열차가 있어요.
There's a bullet train that goes there.

조금 머니까, 저는 택시 타는 걸 추천해요.
It's a bit far, so I'd suggest taking a cab.

가는 방법 묻기 필수 표현

표는 어디에서 구할 수 있나요?
Where can I get the ticket?

택시는 이쪽에서 타야 하나요?
Should I take the taxi on this side?

중간에 갈아타야 하나요?
Do I have to transfer in the middle?

대략 얼마나 걸리는지 아시나요?
Do you know roughly how long it'll take?

ㄴ 미안해요, 저도 모르겠어요.
Sorry, I wouldn't have a clue either.

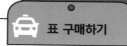

표 구매하기

— A행 … 한 장 주세요. —

Please give me one ▢▢▢▢ to A.

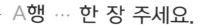

★버스나 지하철 표를 살 때 사용하는 표현입니다.★

보스턴행 학생 한 장 주세요.

Please give me one student **to** Boston.

시드니행 외국인 한 장 주세요.

Please give me one foreigner **to** Sydney.

센트럴 역으로 성인 한 장 주세요.

Please give me one adult **to** central station.

로스앤젤레스행 성인 한 장, 어린이 한 장 주세요.

Please give me one adult **and one** child **to** Los Angeles.

return[round]-trip 왕복
one-way[single]-trip 편도
platform 플랫폼

standing seat 입석
direct 직행
timetable 시간표

42

● 매표소 직원의 질문 알아듣기

네, 편도만요?
Okay, just one-way?

편도만 필요하신 거 맞죠?
Just a single-trip, right?

왕복 표도 필요한가요?
Do you need a return ticket as well?

편도인가요, 왕복인가요?
Would that be a single-trip or a round-trip?

물론이죠, 왕복 표도 포함인가요?
Sure, and is that including the return ticket?

● 표 구매 필수 표현

노선도를 받을 수 있을까요?
May I have a route map?

버스는 어디에서 타나요?
Where do I catch the bus?

다음 버스가 언제 오나요?
When does the next bus come?

└ 기차는 20분마다 옵니다.
The train comes every 20 minutes.

 학생증을 보여 주시겠어요?
Can I see your student card?

안약·기내

교통수단

숙소에서

식당에서

쇼핑할 때

관광할 때

응급상황

스페인

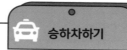

승하차하기

— …까지 몇 정류장 남았나요? —

How many stops are left till _____?

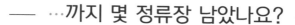

★ 대중교통을 타긴 탔는데, 몇 정류장이 남았는지 헷갈릴 때는
주변 승객들에게 이렇게 물어보세요. ★

브로드웨이까지 몇 정류장 남았나요?
How many stops are left till Broadway?

프라도까지 몇 정류장 남았나요?
How many stops are left till the Prado?

빅벤까지 몇 정류장 남았나요?
How many stops are left till the Big Ben?

차이나타운까지 몇 정류장 남았나요?
How many stops are left till Chinatown?

박물관까지 몇 정류장 남았나요?
How many stops are left till the museum?

WORDS

stop/station 정류장, 역
miss 놓치다
pass 지나가다

express 급행
get off 하차하다
get on 승차하다

상대방의 대답 알아듣기

다음 역이에요.
It's the next stop.

방금 지나왔어요.
We just passed it.

방금 놓쳤어요.
You just missed it.

세 정류장 더 가야 해요.
Three more stations to go.

다섯 정류장 남았어요.
We have five more stops left.

승하차 필수 표현

 티켓을 보여 주세요.
Please show me your ticket.

버스를 잘못 탔어요.
I'm on the wrong bus.

다음은 무슨 역인가요?
What's the next station?

하이드 공원까지 얼마나 걸리나요?
How long does it take to Hyde Park?

이 차가 과학 박물관에 가나요?
Does this go to the science museum?

45

─ …로 가는 요금이 얼마인가요? ─

What's the fare to ____?

★택시에 탑승하기 전에 기사님에게 요금을 물어보고 타는 게 좋겠죠?★

호텔로 가는 요금이 얼마인가요?
What's the fare to the hotel?

역으로 가는 요금이 얼마인가요?
What's the fare to the station?

공항으로 가는 요금이 얼마인가요?
What's the fare to the airport?

이 주소로 가는 요금이 얼마인가요?
What's the fare to this address?

성당으로 가는 요금이 얼마인가요?
What's the fare to the cathedral?

around/roughly/about 대략
base fare 기본 요금
(fare) meter 미터기

taxi stand 택시 정류장
lower the volume 볼륨을 줄이다
go faster 더 빨리 가다

46

● 택시 기사의 대답 알아듣기

15~16유로로 정도 해요.
About 15-16 euros.

보통 20 정도 합니다.
It's usually about 20.

보통 30파운드 정도예요.
It's usually around 30 pounds.

글쎄요. 전 미터 요금대로 갑니다.
Not sure. I charge by the meter.

미터기를 사용하지만, 대략 30달러 합니다.
I use the meter, but it's about 30.

● 택시 탑승 필수 표현

택시 좀 불러 주세요.
Please call a taxi for me.

🦻 어디로 가십니까?
Where to?

└ 이 주소로 가 주세요.
To this address, please.

신용카드 결제 가능한가요?
Do you take credit cards?

└ 현금만 받습니다.
Only cash.

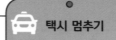

─── …에 잠시 들러도 될까요? ───

Can we stop by ?

★최종 목적지로 가는 길에 다른 곳을 잠깐 들를 수 있는지
물어봐야 한다면 이렇게 말해 보세요.★

은행에 잠시 들러도 될까요?
Can we stop by a bank?

현금 자동 인출기에 잠시 들러도 될까요?
Can we stop by an ATM?

우체국에 잠시 들러도 될까요?
Can we stop by a post office?

편의점에 잠시 들러도 될까요?
Can we stop by a convenience store?

약국에 잠시 들러도 될까요?
Can we stop by a pharmacy[drug store]?

WORDS

running 가동되는, 계속되는
on 작동 중인
change 거스름돈

receipt 영수증
intersection 교차로
corner 모퉁이, 코너

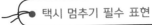

택시 기사의 대답 알아듣기

미터기는 켜 둬야 해요.
I'll have to keep the meter running.

미터기가 계속 켜져 있을 거라는 걸 잊지 마세요.
Just remember the meter will be on.

빨리 다녀오세요, 미터기는 계속 켜져 있을 겁니다.
Try to be quick, the meter will be on.

좋아요, 하지만 미터기는 계속 가동될 거예요.
Okay, but the meter will still be running.

물론이지요, 하지만 미터기는 켜져 있을 거예요.
Sure. The meter will be running though.

택시 멈추기 필수 표현

신호등에서 세워 주세요.
Please stop at the lights.

트렁크를 열어 주세요.
Please open the boot/trunk.

에어컨을 켜 주실 수 있나요?
Could you please turn on the AC?

통행료 포함해서, 12달러 50센트입니다.
Including the toll fee, it's $12.50.

5분 이상 차를 세워 둘 수 없어요.
I can't park for more than 5 minutes.

렌트하기

···을 렌트하려고 해요.

I'm looking to rent ____.

★ 차를 렌트하는 경우에는 원하는 차의 종류를 말해주면 렌트하기 쉬워집니다. ★

밴을 렌트하려고 해요.
I'm looking to rent a van.

SUV를 렌트하려고 해요.
I'm looking to rent an SUV.

오픈카를 렌트하려고 해요.
I'm looking to rent a convertible.

소형차를 렌트하려고 해요.
I'm looking to rent a compact[small] car.

저렴한 세단을 렌트하려고 해요.
I'm looking to rent an inexpensive sedan.

WORDS

rental car 렌터카
driver's license 운전면허증
ID (card) 신분증

pick up date 대여 일시
return date 반납 일시
automatic 자동의

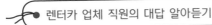 렌터카 업체 직원의 대답 알아듣기

신분증과 운전면허증이 필요해요.
I need your ID and license.

잠깐 신분증을 주시겠어요?
Can I grab your ID for a sec?

두 가지 종류의 신분증이 필요합니다.
I'll need two different types of ID.

운전면허증을 보여 주세요.
Please show me your driver's license.

운전면허증을 보여 주시겠어요?
Can I see your driver's license, please?

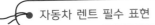 자동차 렌트 필수 표현

내비게이션이 달려 있나요?
Does it come with GPS?

종합보험으로 할게요.
I'll go with a full-coverage insurance.

기름을 채워서 반납하실 건가요?
Will you return it with a full tank?

200달러의 보증금이 있습니다.
There's a two hundred dollar deposit.

문제가 생기면 이 번호로 전화해 주세요.
Call this number in case of emergency.

주유하기

—— ...을 (~만큼) 주세요. ——

~ worth of ⬚, please.

★주유할 때 liter나 gallon을 사용해서 원하는 양으로도 말할 수 있습니다.
이때는 worth 자리에 구체적인 양을 넣어 말하면 됩니다.★

경유 15유로 주세요.
15 euros' worth of diesel, please.

무연 5파운드 주세요.
5 pounds' worth of unleaded, please.

무연 20달러 주세요.
20 dollars' worth of unleaded, please.

프리미엄 10리터 주세요.
10 liters of premium, please.

일반 25갤런 주세요.
25 gallons of regular, please.

WORDS

self 셀프, 스스로
gas/petrol 기름
gas[petrol] station 주유소

nozzle 분사구
insert 집어넣다
receipt 영수증

52

주유소 직원의 대답 알아듣기

직접 하셔야 해요.
You have to do it yourself.

저희 주유소는 셀프서비스입니다.
Our station's self-service.

이 주유소는 셀프서비스입니다.
This station's self-service.

직접 주유하셔야 해요.
You've got to pump it yourself.

죄송하지만, 여기서는 직접 하셔야 해요.
Sorry, gotta do it yourself here.

주유 필수 표현

얼마 넣어 드릴까요?
How much would you like?

└ 가득 채워 주세요.
Fill it up, please.

이것 좀 도와주실 수 있나요?
Could you help me with this?

사용할 수 있는 화장실이 있나요?
Is there a restroom I could use?

제일 가까운 주유소는 어디에 있나요?
Where's the nearest gas station?

· 택시에서 대화하기

🎧 MP3 02-08

🎧 여행자 　What's the best way to this place?

👤 호텔 직원 　I'd recommend taking a taxi.

🎧 여행자 　Please call a taxi for me.

👤 호텔 직원 　Sure.

　　　　　(⋯)

🎧 여행자 　What's the fare to this address?

👤 택시기사 　About 15 euros.

🎧 여행자 　Alright. And can we stop by a bank?

👤 택시기사 　Okay. The meter will be running though.

· 여행자　　　(주소를 보여 주며) 이곳으로 가는 가장 좋은 방법이 뭔가요?

· 호텔직원　　택시 타는 걸 추천해요.

· 여행자　　　택시를 불러 주세요.

· 호텔직원　　네.

　　　　　　　(⋯)

· 여행자　　　(주소를 보여 주며) 이 주소로 가는 요금이 얼마인가요?

· 택시기사　　15유로 정도 해요.

· 여행자　　　네. 그리고 은행에 잠시 들러도 될까요?

· 택시기사　　네. 하지만 미터기는 켜져 있을 거예요.

· 한눈에 보는 표지판

🎧 MP3 02-09

TAXI STAND
택시 정류장

PLATFORM
승강장

CAR RENTAL
렌터카

BUY TICKETS
티켓 구매

**LOST
& FOUND**
분실물 센터

**PRIORITY
SEATING**
교통약자 우대석

WAY OUT
출구

**MIND THE
GAP**
간격 주의

· 주유 기계 사용법

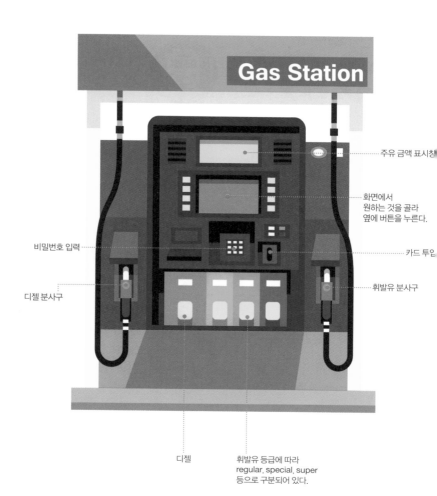

Gas Station

주유 금액 표시창

화면에서
원하는 것을 골라
옆에 버튼을 누른다.

비밀번호 입력

카드 투입

디젤 분사구

휘발유 분사구

디젤

휘발유 등급에 따라
regular, special, super
등으로 구분되어 있다.

· 셀프 주유하기

1. 셀프 주유기 앞에 차를 세우고 시동을 끈다.
2. 현금으로 결제할 경우 점원에게 선불로 현금을 건네고 몇 번 주유기를 사용할 건지 알려 준다. 연료가 선불 금액보다 덜 들어가면 주유 완료 후 다시 점원을 찾아가 잔액을 돌려받는다. 카드로 결제할 경우에는 주유기에 부착된 카드 리더기에 카드를 대거나 긁고 화면 지시를 따라간다.
3. 주유기 분사구를 들고 연료 종류를 선택한다.
4. 기름 양이나 금액을 정하고 싶으면 정한다.
5. 차의 주유구를 연다. 주유기 분사구를 주유구에 넣고 원하는 만큼, 또는 덜커덕 소리가 날 때까지 주유한다.
6. 주유기를 빼고 주유구를 닫는다.

주유소 필수 단어

• Select grade	휘발유 등급을 고르세요
• Gasoline/Petrol	휘발유
• Regular	일반 휘발유
• Unleaded	무연
• Diesel	경유
• Sale	금액
• Pay Credit/Credit Card	신용카드 결제
• Pay Debit/Debit Card	체크카드 결제
• Pay Cash/Cash	현금 결제
• Type PIN number	비밀번호를 누르세요
• Receipt	영수증 드릴까요?
• Remove nozzle	분사구를 드세요

CHAPTER
3

MP3
동영상강의

숙소에서

— …에 예약하려고 전화했습니다. —

I'm calling to make a reservation for ▭.

★전화로 숙소를 예약하는 경우에는 다음과 같이 말하면 됩니다.★

3월 24일에 예약하려고 전화했습니다.

I'm calling to make a reservation for March 24th.

내일 예약하려고 전화했습니다.

I'm calling to make a reservation for tomorrow.

다음 주 목요일에 예약하려고 전화했습니다.

I'm calling to make a reservation for next Thursday.

WORDS

how many (people) 몇 명
two nights and three days 2박 3일
airport shuttle bus 공항 셔틀 버스

off-season 비수기
high[peak] season 성수기
pick up service 픽업 서비스

숙박업소 직원의 질문 알아듣기

몇 분이신가요?
For how many people?

몇 분이신가요?
For how many, ma'am?

네, 일행은 몇 분인가요?
Okay, how many in your party?

몇 분이 묵으실 건가요?
How many will be staying with us?

객실은 몇 분이 사용하실 건가요?
How many will be using the room?

예약 필수 표현

레이트 체크아웃 요금은 얼마인가요?
How much is late check-out?

└ 3시까지의 레이트 체크아웃은 무료입니다.
Late check-out until 3 is complimentary.

세탁 서비스가 있나요?
Do you provide laundry service?

숙박료에 조식도 포함되어 있나요?
Is breakfast included in the room rate?

예약을 확인[취소]하고 싶어요.
I'd like to confirm[cancel] my reservation.

양야·기내
교통수단
숙소예서
식당에서
쇼핑할 때
관광할 때
이동상황
인덱스

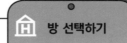

A에 ⋯ 있나요?

Is there ☐ (for A)?

★ 예약하지 못하고 급하게 숙박업소에 방문해서
방이 있는지 물어볼 때 사용할 수 있는 패턴입니다. ★

금연 객실이 있나요?

Is there a non-smoking room?

100달러 이하인 객실이 있나요?

Is there a room under 100 dollars?

오늘 밤에 빈방이 있나요?

Is there an empty room **for** tonight?

오늘 밤에 침대 하나 있나요? (유스호스텔/민박)

Is there a bed **for** tonight?

오늘 밤에 싱글룸이 있나요?

Is there a single room **for** tonight?

WORDS

only ~만
left 남아 있다
room rate 객실 요금

waiting list 대기자 명단
breakfast 조식
vacancy 빈 객실

숙박업소 직원의 대답 알아듣기

트윈룸만 남았어요.
All we have left are twin rooms.

지금은 싱글룸밖에 없어요.
I only have single rooms right now.

아쉽지만 싱글룸밖에 안 남았어요.
I'm afraid only single rooms are left.

싱글 또는 더블룸밖에 없어요.
There are only single or double rooms.

현재는 스위트룸만 가능해요.
We only have suites available at present.

방 선택 필수 표현

방을 먼저 봐도 되나요?
Can I see the rooms first?

그 방은 요금이 어떻게 되나요?
What's the rate for that room?

지금 진행 중인 특가 상품이 있나요?
Do you have any specials going on?

오늘은 예약이 다 찼어요.
We are fully booked tonight.

ㄴ 근처 호텔을 추천해 주시겠어요?
Could you recommend me a hotel nearby?

안부·기내

교통수단

숙소에서

식당에서

쇼핑할 때

관광할 때

응급상황 시

인덱스

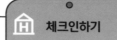

… 을 통해 예약했어요.

I made my booking through ___.

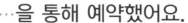

★ 숙박업소 직원에게 어디를 통해 예약했는지 말해 주는 표현입니다. ★

여행사를 통해 예약했어요.
I made my booking through a travel agent.

이 번호를 통해 예약했어요.
I made my booking through this number.

당신의 웹사이트를 통해 예약했어요.
I made my booking through your website.

인터넷을 통해 예약했어요.
I made my booking through the Internet.

이 어플을 통해 예약했어요.
I made my booking through this app.

application 응용 프로그램
anything/nothing 아무것도
reservation/booking 예약

confirm/check 확인하다
mistake/error 실수, 오류
general manager 총지배인

━● 숙박업소 직원의 대답 알아듣기

당신의 예약 정보가 없네요.
I don't see your reservation.

여기에 당신의 정보를 찾을 수 없어요.
I can't find your details here.

저희 시스템에는 아무것도 없네요.
I don't see anything on our system.

당신의 정보로는 아무것도 안 나와요.
Nothing's coming up with your details.

시스템에 당신의 정보가 없네요.
We don't have your details on the system.

━● 체크인 필수 표현

체크인할게요. 서미소랑으로 예약되어 있어요.
Check in, please. I have a reservation under Misorang Seo.

∟ 언제 예약하셨나요?
When did you make the reservation?

∟ 한 3주 전, 한국에서요.
About 3 weeks ago, in Korea.

예치금도 냈어요.
I even paid a deposit.

∟ 네, 잠시만 기다려 주세요.
Okay, bear with me for a sec.

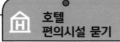

—— …은 몇 층에 있나요? ——

On which floor is the ?

★ 호텔처럼 다층 구조인 숙박업소에서 특정 편의시설이
몇 층에 있는지 물어볼 때 쓸 수 있는 표현입니다. ★

스파는 몇 층에 있나요?
On which floor is the spa?

사우나는 몇 층에 있나요?
On which floor is the sauna?

식당은 몇 층에 있나요?
On which floor is the restaurant?

비즈니스 센터는 몇 층에 있나요?
On which floor is the business center?

헬스장은 몇 층에 있나요?
On which floor is the fitness center[gym]?

WORDS

elevator/lift 엘리베이터
floor/level 층
upstairs/downstairs 위층, 아래층

washing machine 세탁기
valuables 귀중품
vending machine 자판기

호텔 직원의 대답 알아듣기

21층에 있습니다.
On the 21st floor.

12층에 있습니다.
It's on level twelve.

한 층 내려가세요.
Go down one floor.

1층에 있습니다.
It's on the ground floor.

아래층인 6층에 있어요.
Downstairs, on the 6th floor.

편의시설 묻기 필수 표현

사용하려면 추가 이용료가 있나요?
Is there an extra charge to use it?

└ 숙박료에 포함되어 있습니다.
It's included in your room rate.

어린이도 사용할 수 있나요?
Are children allowed to use it as well?

헬스장 운영 시간이 어떻게 되나요?
What are the gym operating hours?

비용은 2103호로 달아 주세요.
Please charge it to room 2103.

안약·기내
교통수단
숙소예서
식당에서
쇼핑할 때
관광할 때
응급상황
스케줄

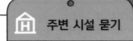

주변 시설 묻기

– 제일 가까운 …은 어디에 있나요? –

Where's
the nearest ⬚?

★ 편의점, 은행처럼 숙소에서 가까운 주변 시설이
어디에 있는지 물어볼 때 사용할 수 있는 표현입니다. ★

제일 가까운 카페는 어디에 있나요?
Where's the nearest cafe?

제일 가까운 현금 자동 인출기는 어디에 있나요?
Where's the nearest ATM?

제일 가까운 세탁소는 어디에 있나요?
Where's the nearest laundromat?

제일 가까운 병원은 어디에 있나요?
Where's the nearest hospital?

제일 가까운 편의점은 어디에 있나요?
Where's the nearest convenience store?

WORDS

straight/down/up 직진
this[that] way 이쪽[저쪽]
turn left[right] 좌회전[우회전]

on[to] your right 오른편에
on[to] your left 왼편에
walking distance 걸어갈 수 있는 거리

호텔 직원의 대답 알아듣기

저쪽으로 가세요.
Down that way.

이쪽으로 가시면 있어요.
It's up this way.

다음 신호등에서 좌회전하세요.
Turn left at the next lights.

세 블록 직진하세요.
Go straight for three blocks.

이 길로 쭉 가시다가, 우회전하세요.
Go down this street, and turn right.

주변 시설 묻기 필수 표현

걸어서 몇 분 정도 걸릴까요?
How long will it take on foot?

이 지도에 표시해 주시겠어요?
Would you mark it on this map?

지금 열었을까요?
Do you think they're open now?

가져갈 수 있는 지도가 있나요?
Do you have a map I could take?

이 식당 예약하는 걸 도와주실 수 있나요?
Could you help me book this restaurant?

···이 작동되지 않아요.

The ___'s not working.

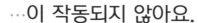

★직원에게 객실 시설이 작동되지 않는다고 말할 때는 이렇게 말합니다.★

TV가 작동되지 않아요.
The TV's not working.

와이파이가 작동되지 않아요.
The Wi-Fi's not working.

카드키가 작동되지 않아요.
The card key's not working.

리모컨이 작동되지 않아요.
The remote's not working.

에어컨이 작동되지 않아요.
The air-conditioner[AC]'s not working.

WORDS

make up room 객실 청소
do not disturb 방해하지 마시오
sheet (침대 위에 까는) 시트

the room next door 옆 방
noisy 시끄러운
dirty 더러운

호텔 직원의 대답 알아듣기

누군가 5분 안으로 올라갈 거예요.
Someone will go up there in 5.

지금 사람을 보내겠습니다.
We'll send someone right now.

우리 직원이 곧 올라가겠습니다.
Our staff will be up there soon.

바로 사람을 올려 보내겠습니다.
We'll send someone up right away.

죄송합니다. 사람을 올려 보낼게요.
Sorry about that. I'll send someone.

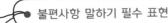

불편사항 말하기 필수 표현

키를 안에 놓고 나왔어요.
I locked myself out.

와이파이 비밀번호가 어떻게 되나요?
What's the Wi-Fi password?

수건 좀 더 주시겠어요?
Could I get some more towels?

이걸 어떻게 사용하는지 보여 주시겠어요?
Can you show me how to use this?

시트가 깨끗하지 않아요. 새것으로 갈아 주세요.
The sheets aren't clean. Please change them.

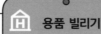

용품 빌리기

─── …을 빌릴 수 있나요? ───

Can I borrow ?

★ 객실에 갖춰져 있지 않은 물품이 필요할 경우에는 참지 말고 물어보세요! ★

다리미를 빌릴 수 있나요?
Can I borrow an iron?

우산을 빌릴 수 있나요?
Can I borrow an umbrella?

핸드폰 충전기를 빌릴 수 있나요?
Can I borrow a phone charger?

헤어 드라이기를 빌릴 수 있나요?
Can I borrow a hair dryer?

와인 오프너를 빌릴 수 있나요?
Can I borrow a wine opener?

mini bar 미니 바
adaptor 어댑터
international call 국제전화

service charge 봉사료
tax 세금
cable TV 케이블 TV

상대방의 대답 알아듣기

네, 지금 가져다드릴게요.
Yes, I'll bring it right now.

물론이죠. 10분 안으로 올려 보내겠습니다.
Of course. We'll send it up in 10.

프런트 데스크에서 가져가시면 됩니다.
You can get it from the front desk.

프런트 데스크에 있습니다.
We have them down in the front desk.

네. 5분 안으로 사람을 올려 보내겠습니다.
Okay. We'll send someone up in 5 minutes.

체크아웃 필수 표현

지금 체크아웃할게요.
I'll check out now.

오후 7시까지 제 가방을 맡아 주실 수 있나요?
Would you keep my bags until 7 p.m.?

└ 물론이죠. 여기 보관증입니다.
Sure, here's your receipt.

이 비용은 뭔가요?
What's this charge for?

└ 봉사료 10%입니다.
That's the 10% service charge.

• 호텔에서 대화하기

👮 호텔 직원   This is reception, how can I help you?

👩 여행자   Hi. What's the Wi-Fi password?

👮 호텔 직원   It's 1310. Can I help you with anything else?

👩 여행자   Yes. The air-conditioner's not working.

👮 호텔 직원   We'll send someone right away.

👩 여행자   Also, can I borrow a wine opener?

👮 호텔 직원   You certainly can. I'll send it up with our staff.

👩 여행자   Thanks so much.

· 호텔 직원   프런트 데스크입니다. 어떻게 도와드릴까요?

· 여행자   안녕하세요. 와이파이 비밀번호가 어떻게 되나요?

· 호텔 직원   1310입니다. 또 도와드릴 게 있나요?

· 여행자   네. 에어컨이 작동되지 않아요.

· 호텔 직원   사람을 바로 보내겠습니다.

· 여행자   그리고 와인 오프너를 빌릴 수 있나요?

· 호텔 직원   물론이죠. 직원이 올라갈 때 가져다 드릴게요.

· 여행자   고맙습니다.

· 한눈에 보는 표지판

🎧 MP3 03-09

RECEPTION
프런트 데스크

NO VACANCY
빈방 없음

CONCIERGE
호텔 안내인,
관리인

**GUEST
LAUNDRY**
손님용 세탁실

**FITNESS
CENTER**
헬스장

**SERVICE
CHARGE**
봉사료

🛫 공항·기내
🚌 교통수단
🏨 숙소에서
▶ 식당에서
🛍 쇼핑할 때
📷 관광할 때
📱 응급상황
인덱스

• 호텔 객실의 종류

single room
싱글룸

double room
더블룸

twin room
트윈룸

suite room
스위트룸

공항·기내

교통수단

숙소예약

식당에서

쇼핑할 때

관광할 때

응급상황

인덱스

· 숙박 예약 어플

호텔스컴바인

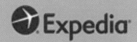

아고다, 호텔스닷컴, 부킹닷컴 등에 등록된 전 세계 호텔들의 가격을 한눈에 비교할 수 있고 별도 예약 수수료가 없다. 다만 게스트하우스나 호스텔은 확인할 수 없다.

익스피디아

전 세계 다양한 숙박 시설의 가격을 비교한 뒤 호텔 지원 여부에 따라 선결제와 후결제 중 선택할 수 있다. 예약 취소나 변경 시 별도의 수수료는 없다.

에어비앤비

호텔이 아닌 현지인의 주거 공간을 빌려 쓰는 하우스 쉐어링 플랫폼. 게시된 사진보다 이용자의 후기들을 확인하는 것이 도움이 된다. 예약하고자 하는 방의 호스트가 슈퍼 호스트인지 확인하는 것도 좋다.

CHAPTER
4

MP3
동영상강의

식당에서

… 이름으로 예약했어요.

I have a reservation under ____.

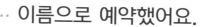

★예약해 뒀던 식당에 도착했을 때,
이렇게 말하면 직원이 자리를 안내해 줍니다. ★

홍으로 예약했어요.

I have a reservation under Hong.

모세로 예약했어요.

I have a reservation under Moses.

그레이스 듀로 예약했어요.

I have a reservation under Grace Dew.

앤으로 2명 예약했어요.

I have a reservation for 2, under Ann.

지나로 정오 예약했어요.

I have a reservation at noon, under Jina.

WORDS

window table 창가 쪽 테이블
non-smoking section 금연 구역
sit inside 실내에 앉다

sit outside 실외에 앉다
this way 이쪽
follow 따라오다

식당 점원의 대답 알아듣기

이쪽으로 오세요.
Come this way.

이쪽으로 와 주세요.
This way, please.

네, 저를 따라오세요.
Okay, please follow me.

네, 이쪽으로 오세요.
Alright, please come this way.

이쪽으로 절 따라와 주세요.
Follow me down this way, please.

식당에 도착했을 때 필수 표현

저 테이블에 앉아도 될까요?
Can we sit at that table?

예약은 안 했어요.
I don't have a reservation.

대기자 명단에 올려 주시겠어요?
Can you put me on the waiting list?

혹시 2명 자리가 있나요?
Do you happen to have a table for two?

ㄴ 오늘은 예약이 꽉 찼어요.
We're fully booked today.

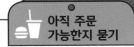

아직 주문
가능한지 묻기

— 아직도 … 주문할 수 있나요? —

Can I still order _____?

★늦은 시간에 식당에 도착했을 때
주문해도 괜찮을지 궁금하다면 이렇게 물어보세요.★

아직도 음식을 주문할 수 있나요?
Can I still order food?

아직도 술을 주문할 수 있나요?
Can I still order drinks?

아직도 아침을 주문할 수 있나요?
Can I still order breakfast?

아직도 점심을 주문할 수 있나요?
Can I still order lunch?

아직도 저녁을 주문할 수 있나요?
Can I still order dinner?

break 휴식	**hot food** 뜨거운 음식
close 닫다	**cold food** 차가운 음식
last order 라스트 오더	**soft drink/soda** 탄산음료

식당 점원의 대답 알아듣기

네, 하지만 라스트 오더가 10시 30분이에요.
Yes, but last order is 10:30.

주방이 3시에 닫아요.
The kitchen closes at three.

네, 하지만 주방이 15분 뒤에 닫아요.
Yes, but the kitchen closes in 15 minutes.

네, 가능해요. 하지만 라스트 오더가 20분 뒤에 끝나요.
Yes, but last order ends in twenty minutes.

이미 점심 라스트 오더 시간이 지났어요.
We've already taken our last order for lunch.

아직 주문 가능한지 묻기 필수 표현

괜찮아요, 빨리 주문할게요.
That's okay, we'll order quickly.

영업시간이 어떻게 되나요?
What are your opening hours?

그러면 다음에 다시 올게요.
Then we'll come back another time.

오늘 영업은 끝났어요.
We're done for the day.

지금 문을 닫았어요.
We're closed right now.

... 요리는 무엇인가요? ——

What's your [   ] dish?

★ 메뉴판에 있는 사진만 보고 요리를 고르는 것은 그만!
점원에게 메뉴 추천을 부탁해 보세요. ★

제일 매운 요리는 무엇인가요?

What's your spiciest dish?

대표 요리는 무엇인가요?

What's your signature dish?

제일 건강한 요리는 무엇인가요?

What's your healthiest dish?

제일 인기 있는 요리는 무엇인가요?

What's your most popular dish?

제일 인기 있는 닭고기 요리는 무엇인가요?

What's your most popular chicken dish?

WORDS

order 주문, 주문하다
appetizer 전채 요리
a la carte 일품 요리

small plate 앞 접시
chopsticks 젓가락
cilantro/coriander 고수

식당 점원의 대답 알아듣기

뭘 갖다 드릴까요?
What can I get you?

어떤 거로 하시겠어요?
What would you like?

주문하시겠습니까?
Can I take your order?

주문하시겠습니까?
May I take your order?

주문할 준비가 되셨나요?
Are you ready to order?

메뉴 묻기 필수 표현

이걸로 할게요.
I'll have this one.

저 사람들이 먹고 있는 건 뭔가요?
What are they having?

오늘의 특별 요리는 뭐예요?
What's today's special?

추천 요리가 있나요?
Do you have any recommendations?

고수가 들어가 있나요?
Does it have coriander in it?

── A가 …해요. ──

The A is ___.

★내가 주문한 음식에 문제가 있다면 점원에게 말해야겠죠?
음식에 문제가 있다고 알려 줄 때 이렇게 말합니다.★

파스타가 식었어요.

The pasta is cold.

샐러드가 너무 기름져요.

The salad is too oily.

스테이크가 너무 익었어요.

The steak is overcooked.

닭고기가 덜 익었어요.

The chicken is undercooked.

이 수프가 너무 짜요.

This soup is too salty.

too salty 너무 짠	**burnt** 탄
too bitter 너무 쓴	**a strand of hair** 머리카락
too spicy 너무 매운	**heat something up** ～를 데우다

86

식당 점원의 대답 알아듣기

다시 데워 올게요.
I'll heat it back up for you.

새 걸로 갖다드릴까요?
Would you like a new one?

죄송합니다. 가서 데워 올까요?
I'm sorry. Shall I go heat it up?

이런, 새걸로 다시 갖다드릴게요.
Oh dear, let me get you a new one.

정말 죄송합니다. 다른 걸로 갖다드릴게요.
I'm so sorry. We'll get you another one.

음식 컴플레인 필수 표현

저 테이블 너무 시끄러워요.
That table is too noisy.

제가 주문한 건 이게 아니에요.
This isn't what I ordered.

주문이 아직 안 나왔어요.
My order hasn't come yet.

30분 전에 주문했어요.
I ordered it 30 minutes ago.

제 음식에 뭐가 들어 있어요.
There's something in my food.

예약·기타

탈출수단

숙소에서

식당에서

쇼핑할 때

관광할 때

응급상황엔

인덱스

음식 · 음료
주문하기

… 주세요.

⬜, please.

★ 간단하지만 패스트푸드나 커피를 주문할 때 사용할 수 있는
아주 유용한 표현입니다. ★

이거 **주세요.**
This, please.

햄버거 하나 **주세요.**
One hamburger, please.

2번 세트 **주세요.**
Combo number 2, please.

치킨 랩 두 개 **주세요.**
Two chicken wraps, please.

버거 두 개랑 레모네이드 하나 **주세요.**
Two burgers and one lemonade, please.

to go/takeaway 포장	**cucumbers** 오이
for here 여기서 먹다	**jalapenos** 할라피뇨
allergy 알레르기	**peanut** 땅콩

식당 점원의 대답 알아듣기

포장이신가요?
Takeaway?

여기서 드실 건가요, 아니면 가지고 가실 건가요?
For here or to go?

여기서 드실 건가요?
You gonna eat here?

여기서 드실 건가요, 아니면 포장해 가실 건가요?
Have here or takeaway?

이거 포장인가요, 아니면 여기서 드실 건가요?
Is this to go or for here?

 음식 · 음료 주문 필수 표현

포장이요.
To go.

여기서 먹을 거예요.
Have here.

이거 무료 리필 되나요?
Are there free refills on this?

양파는 빼 주세요.
Take out the onions, please.

치즈를 듬뿍 넣어 주세요.
Please put extra cheese on it.

—— A를 B로 바꿀 수 있나요? ——

Can I switch the A to B?

★콤보에 있는 제품 중에 바꾸고 싶은 게 있어도 참았다고요?
이 패턴만 알면 얼마든지 내가 원하는 메뉴로 바꿀 수 있어요. ★

콜라를 커피로 바꿀 수 있나요?
Can I switch the cola to coffee?

머핀을 쿠키로 바꿀 수 있나요?
Can I switch the muffin to a cookie?

탄산음료를 오렌지 주스로 바꿀 수 있나요?
Can I switch the soda to orange juice?

콜라를 병에 든 물로 바꿀 수 있나요?
Can I switch the cola to bottled water?

감자튀김을 해쉬 브라운으로 바꿀 수 있나요?
Can I switch the fries to a hash brown?

WORDS

extra/more 추가로	**cup holder/sleeve** 컵 홀더
charge 요금	**napkin/serviettes** 냅킨
soft drink/soda 탄산음료	**wet tissues** 물티슈

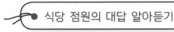

식당 점원의 대답 알아듣기

물론이지요. 1달러만 더 내시면 돼요.
Sure, there's just a dollar charge.

돈을 더 지불하셔야 되는데요. 괜찮으세요?
You'll have to pay more. Is that okay?

하지만 1달러 더 지불하셔야 해요.
You'll be charged a dollar more though.

당연하지요. 추가 요금도 없어요.
Of course, and there's no charge either.

물론이지요. 하지만 추가 요금이 있어요.
No problem, but there's an extra charge.

음식 · 음료 바꾸기 필수 표현

이미 만들어져 있어요.
It's already pre-made.

└ 그러면 있는 그대로 주세요.
Then I'll have it as is.

빨대는 어디에 있나요?
Where are the straws?

그러면 탄산음료로 바꿔 주세요.
Then please change it to soda.

케첩 좀 주시겠어요?
Can you give me some ketchup?

── 어떤 종류의 …이 있나요? ──

What kinds of ___ have you got?

★ 펍이나 바에서 어떤 종류의 술이 있는지 물어볼 때는 이렇게 말합니다. ★

어떤 종류의 맥주가 있나요?

What kinds of beer have you got?

어떤 종류의 생맥주가 있나요?

What kinds of draft beer have you got?

어떤 종류의 럼이 있나요?

What kinds of rum have you got?

어떤 종류의 보드카가 있나요?

What kinds of vodka have you got?

certain/particular 특정한
tequila 데킬라
signature cocktail 시그니처 칵테일

strong 센, 강한
happy hour 특별 할인 시간대
recommend 추천하다

92

바텐더의 대답 알아듣기

특별히 찾으시는 게 있나요?
Are you after something in particular?

특별히 원하시는 게 있나요?
Did you want something in particular?

특별히 생각해 두신 브랜드가 있나요?
Did you have a certain brand in mind?

찾고 계신 특정 브랜드가 있나요?
Were you searching for a certain brand?

특별히 찾고 계시는 게 있나요?
Are you looking for something in particular?

펍 · 바 주문 필수 표현

진앤토닉 약하게 한 잔 주세요.
I'd like a weak gin and tonic.

먹을 건 없나요?
Do you have anything to eat?

차가운 물 한 잔 주세요.
A glass of cold water, please.

얼음 넣은 위스키로 할게요.
I'll have a whisky on the rocks.

지역 특산 맥주를 추천해 주시겠어요?
Would you recommend me a local beer?

• 식당에서 대화하기

MP3 04-08

식당 점원   Hello. Do you have a reservation?

여행자   I have a reservation under Grace.

식당 점원   Okay, please follow me.

                      (…)

식당 점원   May I take your order?

여행자   What's your signature dish?

식당 점원   That'll be this one.

여행자   Then I'll have that.

식당 점원   You won't regret it.

· 식당 점원   안녕하십니까. 예약하셨나요?

· 여행자   그레이스로 예약했어요.

· 식당 점원   네, 저를 따라오세요.

                 (…)

· 식당 점원   주문하시겠습니까?

· 여행자   대표 요리는 무엇인가요?

· 식당 점원   (손으로 가리키며) 이것입니다.

· 여행자   그럼 그걸로 할게요.

· 식당 점원   후회하지 않으실 거예요.

· 한눈에 보는 표지판

🎧 MP3 04-09

PLEASE WAIT
기다려 주세요

RESERVED
예약된 자리

ORDER HERE
여기서
주문하세요

**PICK UP
HERE**
여기서
가져가세요

**TODAY'S
SPECIAL**
오늘의 특별 메뉴

HAPPY HOUR
할인 시간

**NO OUTSIDE
FOOD**
외부 음식
반입 금지

**ALL YOU CAN
EAT**
뷔페

· 꼭 먹어 봐야 할 세계 길거리 음식

✈ 할로-할로(HALO·HALO)

할로 할로는 필리핀의 대표적인 디저트이다. 얼음을 갈아 넣고 우유, 삶은 콩, 여러 가지 과일을 함께 넣어 주는데, 그 맛이 달콤하다. 마지막에는 진한 보랏빛을 띠는 뿌리채소 우베를 넣은 아이스크림을 올려 준다.

▄ 호키엔 미(HOKKIEN MEE) / 싱가포르

호키엔 미는 달걀로 만든 에그누들과 쌀국수를 숙주, 새우, 오징어 등 해산물과 함께 볶은 싱가포르 면요리이다. 중국에서 싱가포르로 이주해 온 화교들이 만들어 먹기 시작하다가 이제는 싱가포르의 대표적인 음식이 되었다.

✿ 에그 와플(EGG WAFFLE) / 홍콩

에그 와플은 홍콩과 마카오에서 유명한 와플이자 팬케이크이다. 계란이 들어간 반죽을 뜨거운 석탄 위에서 굽는다. 맛을 더해 주기 위해서 초콜릿, 딸기, 코코넛 등을 함께 먹어도 좋다.

▌▌ 크레이프(CRÊPES) / 프랑스

크레이프는 얇게 구운 팬케이크로, 프랑스어로 '둥글게 말다'라는 뜻에서 유래했다. 크레이프는 이미 세계적으로 유명한 간식이다. 다양한 종류가 있는데 주로 딸기, 생크림과 함께 먹는다.

★ 반미(BÁNH MÌ) / 베트남
반미는 베트남식 바게트를 반으로 갈라서 채소 등의 속 재료를 넣어 만든 베트남식 샌드위치를 말한다. 베트남의 대표적인 길거리 음식 중 하나로, 노점이나 가판대에서 저렴한 가격에 판매된다.

▌▌ 수플리(SUPPLÌ) / 이탈리아
수플리는 주먹밥 모양의 튀김 요리로 이탈리아의 대표적인 간식인데, 주로 쌀과 고기 그리고 치즈가 안에 들어있다. 이탈리아에 간다면 꼭 먹어 봐야 할 음식이다.

▬ 돼지고기 사테(PORK SATAY) / 인도네시아
사테는 꼬치에 각종 재료를 끼워서 구워 먹는 요리인데 주로 돼지고기를 끼워 먹는 게 인기 있다. 인도네시아뿐만 아니라 동남아시아에서 흔히 먹는 음식이다.

▬ 핫도그(HOT DOG) / 미국
핫도그는 익힌 소시지를 긴 빵 사이에 끼워 넣은 음식으로, 햄버거와 함께 미국 음식 문화의 아이콘이라 할 수 있다. 핫도그는 주로 케첩이나 머스터드를 뿌려 먹는데, 이것 외에도 소스의 종류가 다양하다.

❌ 양향·기내
🚍 교통수단
🍽 숙소에서
▶ 식당에서
🍴 쇼핑할 때
🏛 관광할 때
📷 응급상황
인덱스

CHAPTER
5

MP3
동영상강의

쇼핑할 때

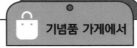

기념품 가게에서

— …에게 줄 것을 찾고 있어요. —

I'm after something for my _____.

★ 여행 기념품을 빠트리면 안 되겠죠? 누군가에게 줄 선물을 찾고 있을 때 직원에게 물어보기 좋은 표현입니다. ★

아들에게 줄 것을 찾고 있어요.
I'm after something for my son.

직장 상사에게 줄 것을 찾고 있어요.
I'm after something for my boss.

부모님께 드릴 것을 찾고 있어요.
I'm after something for my parents.

남편에게 줄 것을 찾고 있어요.
I'm after something for my husband.

여자친구에게 줄 것을 찾고 있어요.
I'm after something for my girlfriend.

WORDS

How[What] about ~? ~ 어떤가요?
locally made 지역에서 만든
unique 독특한

traditional 전통적인
hand-made 수제의
work colleague 직장 동료

● 기념품 가게 점원의 대답 알아듣기

그럼 이것들은 어떤가요?
Then how about these?

저기 위에 보이시는 건 어떠세요?
What about that up there?

이건 어떤가요? 정말 인기 있어요.
What about this? It's very popular.

그럼 이런 건 어떨까요?
Then what about something like this?

이런 종류는 어떤가요?
How about something along these lines?

● 기념품 가게 쇼핑 필수 표현

 도와드릴까요?
Can I help you?

ㄴ 그냥 구경하고 있어요.
I'm just browsing.

이건 수제품인가요?
Is this hand-made?

(사진을 보여 주며) 이런 거 있나요?
Do you have something like this?

10대들 사이에선 뭐가 인기 있나요?
What's popular among teenagers?

···은 어디에 있나요?

Where do you have ?

★ 슈퍼마켓이나 대형마트에서 특정 물품이 어디에 있는지
일일이 찾아보는 건 너무 오래 걸려요! 이렇게 간단히 물어볼 수 있는 걸요. ★

우유는 어디에 있나요?
Where do you have milk?

빵은 어디에 있나요?
Where do you have bread?

말린 과일은 어디에 있나요?
Where do you have dried fruits?

채소는 어디에 있나요?
Where do you have vegetables?

쇼핑 카트는 어디에 있나요?
Where do you have the shopping carts?

aisle 통로
vegetables 채소
canned foods 통조림

organic products 유기농 제품
plastic bag 비닐봉지
alcoholic drinks 술

슈퍼마켓 점원의 대답 알아듣기

6번 통로에 있어요.
In aisle six.

2번 통로를 확인해 보세요.
Check aisle two.

여기가 캔디 통로입니다.
This is the candy aisle.

4번 통로에 있을 거예요.
I believe they're in aisle four.

옆 통로에 있을 거예요.
They should be in the next aisle.

슈퍼마켓 쇼핑 필수 표현

에너지 바는 없나요?
Do you have any energy bars?

└ 바로 저기에 있어요.
They're right over there.

이건 뭐로 만든 건가요?
What is this made of?

이건 다 나갔나요?
Is this all sold out?

저거 5달러어치 주세요.
I'd like 5 dollars' worth of that.

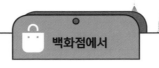

─ … 코너는 어디에 있나요? ─

Where is the section?

★백화점 직원에게 특정 코너는 어디에 있는지 물어볼 때 사용하면 좋은 표현입니다.★

남성복 코너는 어디에 있나요?
Where is the menswear **section?**

여성복 코너는 어디에 있나요?
Where is the women's clothing **section?**

스포츠복 코너는 어디에 있나요?
Where is the sportswear **section?**

전자제품 코너는 어디에 있나요?
Where is the electronics **section?**

가전제품 코너는 어디에 있나요?
Where is the home appliance **section?**

floor/lever 층
upstairs/downstairs 위층/아래층
cosmetics 화장품

men's clothing 남성복
women's clothing 여성복
sportswear 스포츠복

백화점 직원의 대답 알아듣기

13층에요.
On level 13.

한 층 위에요.
One floor up.

위층에 있어요.
It's upstairs.

2층에 있을 거예요.
I think on the 2nd level.

6층에 가 보세요.
You should try the 6th floor.

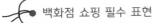

백화점 쇼핑 필수 표현

이 상품을 맡아 주실 수 있나요?
Can you hold this item for me?

└ 언제 오실 건데요?
When will you come back?

└ 2시간 안으로요. 친구를 데리고 오고 싶어서요.
In 2 hours. I want to bring a friend.

푸드 코트는 어디에 있나요?
Where's the food court?

한국에서도 보증이 유효한가요?
Is the warranty valid in Korea?

옷 가게에서

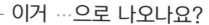

—— 이거 …으로 나오나요? ——

Does this come in _____?

★ 옷 가게 점원에게 다른 색상, 재질, 사이즈 등이
있는지 물어볼 때 쓰기 좋은 표현입니다. ★

이거 검정색으로 나오나요?

Does this come in black?

이거 사이즈 12로 나오나요?

Does this come in a size 12?

이거 다른 색으로 나오나요?

Does this come in other colors?

이거 더 작은 사이즈로 나오나요?

Does this come in a smaller size?

이거 다른 옷감으로 나오나요?

Does this come in a different fabric?

look/see 보다	**too long** 너무 긴
check 확인하다	**too loose** 너무 헐렁한
a bit short 조금 짧은	**alteration** 수선

옷 가게 점원의 대답 알아듣기

한번 봅시다.
Let's see.

한번 볼게요.
I'll have a look.

제가 찾아볼게요.
Let me look it up.

확인해 드릴게요.
I'll check it out for you.

뒤에 가서 확인해 볼게요.
Let me check out the back.

옷 가게 쇼핑 필수 표현

 검정색과 빨간색으로만 나와요.
It only comes in navy and red.

여기가 약간 껴요.
It's a little tight here.

이거 착용해 봐도 되나요?
May I try this on?

└ 탈의실은 저기에 있어요.
  The fitting room is that way.

죄송해요, 흰색 의상은 착용이 안 돼요.
I'm sorry, you can't try white clothing.

😊 양학·기내
🚌 교통수단
🏨 숙소에서
🍴 식당에서
🛍 쇼핑할 때
🏛 관광할 때
📞 응급상황
인덱스

─ …하면 할인해 줄 수 있나요? ─

Can I get a
discount if I ⬚⬚⬚⬚⬚?

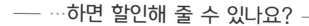

★마트나 길거리에 있는 가게에서 가격을 흥정할 때는 이렇게 말합니다. ★

현금으로 결제하면 할인해 줄 수 있나요?
Can I get a discount if I pay in cash?

지금 당장 하나 사면 할인해 줄 수 있나요?
Can I get a discount if I buy one right now?

세 개 이상 사면 할인해 줄 수 있나요?
Can I get a discount if I buy more than three?

전시된 상품을 가져가면 할인해 줄 수 있나요?
Can I get a discount if I take the display model?

WORDS

(the total) comes to (총계가) ~다
altogether 전부 합쳐서
including tax 세금 포함해서

after discount 할인 후에
wrap 포장하다
separately 따로, 개별로

점원의 대답 알아듣기

전부 합쳐서 12달러네요.
12 dollars altogether.

전부 합쳐서 17유로입니다.
Altogether, the total is 17 euros.

총 12달러 25센트입니다.
It comes to twelve and a quarter.

다 해서 78파운드입니다.
The total comes out to 78 pounds.

세금 포함해서 총 43불 되겠습니다.
Including tax, it comes to 43 bucks.

가격 흥정 필수 표현

그러면 15% 깎아 드릴게요.
Well, I'll give you 15% off.

매니저에게 물어볼게요.
Let me ask the manager for you.

하지만 반품은 어려워요.
But you won't be able to return it.

특별 할인은 제공하지 않습니다.
We don't offer any special discounts.

좋아요. 선물 포장해 주세요.
Sounds good. Please gift wrap it.

약항·기내

교통수단

숙소에서

식당에서

쇼핑할 때

관광할 때

응급상황

인덱스

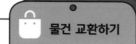 물건 교환하기

이거 …으로 교환해 주세요.

Please exchange this for .

★ 물건 구매 후 마음이 바뀌거나 사이즈 미스로
교환을 하고 싶을 때 이렇게 말합니다. ★

이거 저걸로 교환해 주세요.

Please exchange this for that.

이거 사이즈 12로 교환해 주세요.

Please exchange this for a size 12.

이거 더 큰 사이즈로 교환해 주세요.

Please exchange this for a larger size.

이거 보라색으로 교환해 주세요.

Please exchange this for a purple one.

이거 다른 색으로 교환해 주세요.

Please exchange this for another color.

 WORDS

receipt 영수증
proof of purchase 구매 증거
another product 다른 제품

refund 환불
exchange 교환
customer service 고객 서비스

● 상대방의 대답 알아듣기

영수증을 볼 수 있을까요?
May I see your receipt?

영수증 주시겠어요?
Can I grab your receipt?

영수증은 갖고 오셨나요?
Did you bring your receipt?

영수증만 있으면요.
As long as you have the receipt.

구매 증거가 될 만한 게 있나요?
Do you have something as proof of purchase?

● 물건 교환 필수 표현

영수증을 잃어버렸어요.
I lost my receipt.

전혀 사용하지 않았어요.
I haven't used it at all.

사이즈를 잘못 가져갔어요.
I took the wrong size.

세일 상품은 교환해 드리지 않아요.
We don't give exchanges on sale items.

구입일로부터 7일까지는 교환 가능합니다.
We allow exchanges within 7 days of purchase.

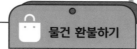

여기 …이 있어요.

It's   here.

★구매한 제품에 문제가 있다면 환불을 해야겠죠.
구매 후 특정 부분에 문제가 있어 환불해야 한다면 이렇게 말해 보세요. ★

여기 찢어져 있어요.
It's ripped here.

여기 고장이 나 있어요.
It's broken here.

여기 얼룩이 있어요.
It's stained here.

여기 흠집이 있어요.
It's damaged here.

여기 긁혀 있어요.
It's scratched here.

broken 고장 난
change mind 마음을 바꾸다
defective 결함이 있는, 하자가 있는

didn't use 사용하지 않았다
didn't open 개봉하지 않았다
didn't wear 착용하지 않았다

MP3 05-07

야악·기내

교통수단

숙소에서

식당에서

쇼핑할 때

관광할 때

이용트러블

인덱스

점원의 질문 알아듣기

물론이죠. 이유를 여쭤봐도 될까요?
Of course. May I ask why?

제품에 문제가 있나요?
Is there a problem with it?

뭐 잘못된 게 있었나요?
Was there something wrong?

뭐가 문제였는지 여쭤봐도 될까요?
Can I ask what the problem was?

제품에 무슨 문제라도 있나요?
Is there something wrong with the product?

물건 환불 필수 표현

이거 환불하고 싶어요.
I'd like to get a refund on this.

마음이 바뀌었어요.
I changed my mind.

제대로 작동하지 않아요.
It doesn't work properly.

호텔에 도착할 때까지 못 봤어요.
I didn't see it until I got to the hotel.

죄송합니다만, 환불은 못 해 드립니다.
I'm sorry, we can't give refunds.

· 가게에서 대화하기

MP3 05-08

여행자   Where is the golfwear section?

가게 점원   It's on your right.

여행자   Thanks.

가게 점원   Can I help you?

여행자   I'm after something for my parents.

가게 점원   Then how about these?

여행자   Does this come in other colors?

가게 점원   It only comes in red.

- 여행자   골프복 코너는 어디에 있나요?
- 직원   고객님 오른편에 있습니다.
- 여행자   감사합니다.
- 직원   도와드릴까요?
- 여행자   부모님께 드릴 것을 찾고 있어요.
- 직원   그럼 이것들은 어떠신가요?
- 여행자   (그중 하나를 골라서) 이거 다른 색으로 나오나요?
- 직원   빨간색으로만 나와요.

• 한눈에 보는 표지판

🎧 MP3 05-09

 NO REFUND
환불 불가

 CLEARANCE
재고 정리 세일

 BUY ONE GET ONE FREE
원 플러스 원

 FITTING ROOM
탈의실

 CUSTOMER SERVICE
고객 서비스

 OUT OF STOCK
재고 없음

 EXPRESS CHECKOUT
소량 계산대

 NO BARGAINING
가격 흥정 금지

공항·기내

교통수단

숙소에서

식당에서

쇼핑할 때

관광할 때

응급상황

인덱스

· 색깔 & 옷감 차트

color chart

red 빨간색	orange 주황색	yellow 노란색	green 초록색	light blue 하늘색
blue 파란색	indigo 남색	purple 보라색	magenta 자홍색	pink 분홍색
brown 갈색	white 하얀색	gray 회색	black 검정색	beige 베이지색

material chart

cotton 면	silk 실크	linen 마	wool 모	leather 가죽
hemp 삼베	fur 모피	polyester 폴리에스테르	goose down 거위털	duck feather 오리털

· 사이즈 호환 차트

● 여성 의류 사이즈 ●

한국	미국/캐나다	영국/호주	유럽
85(44)	2	4-6	34
90(55)	4	8-10	36
95(66)	6	10-12	38
100(77)	8	16-18	40
105(88)	10	20-22	42

● 남성 의류 사이즈 ●

한국	미국/캐나다	영국/호주	유럽
90(55)	90~95/15	1	46
95(66)	95~100/15.5~16	2	48
100(77)	100~105/16.5	3	50
105(88)	105~110/17.5	4	52
110	110~	5	54

공항 · 기내
교통수단
숙소에서
식당에서
쇼핑할 때
관광할 때
응급상황
인덱스

CHAPTER
6

▲
MP3
동영상강의

관광할 때

길 찾기

— …을 찾고 있어요. —

I'm looking for

.

★ 길을 잃었거나 가는 길을 모른다면
이제는 헤매지 말고 지나가는 행인에게 물어보세요. ★

42번가를 찾고 있어요.
I'm looking for 42nd street.

이 건물을 찾고 있어요.
I'm looking for this building.

MS 호텔을 찾고 있어요.
I'm looking for MS hotel.

코알라 공원을 찾고 있어요.
I'm looking for Koala Park.

디즈니 랜드를 찾고 있어요.
I'm looking for Disney Land.

as well/too ~도
either ~도 (아니다)
street/road/avenue 거리, 가

cross 건너다
direction 방향, 위치
visitor 방문객, 손님

행인의 대답 알아듣기

저도 방문객이에요.
I'm a visitor as well.

저도 관광객이에요.
I'm a tourist as well.

저도 여기 사람이 아니에요.
I'm not from here, either.

저도 길치예요.
I'm bad with directions too.

미안해요. 저도 잘 모르겠어요.
Sorry, I wouldn't know either.

길 찾기 필수 표현

길을 잃었어요. 도와주실 수 있나요?
I'm lost. Can you help me?

이 지도에서 우리가 어디에 있나요?
Where are we on this map?

길을 물어봐도 될까요?
Can I ask you for directions?

이 거리의 이름이 뭔가요?
What's the name of this street?

저기요, 도서관은 어느 쪽인가요?
Excuse me, which way is the library?

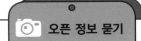

오픈 정보 묻기

--- …에 영업하시나요? ---

Are you open
⬚ ?

★가게, 기관, 업체 등에 전화해서 특정 날짜에
영업하는지 물어보면 헛걸음하지 않아도 되겠죠?★

오늘 영업하시나요?
Are you open today?

지금 영업하시나요?
Are you open right now?

일요일에 영업하시나요?
Are you open on Sundays?

주말에 영업하시나요?
Are you open on weekends?

크리스마스에 영업하시나요?
Are you open on Christmas?

WORDS

break 휴식
close/closed 닫다/닫은
opening[operating] hours 영업시간

weekday 주중
national holiday 국가 휴일
public holiday 공휴일

122

상대방의 대답 알아듣기

목요일마다 닫습니다.
We close shop on Thursdays.

주말에는 쉽니다.
We take a break on weekends.

공휴일에는 닫습니다.
We are closed on public holidays.

일요일에는 격주로 닫습니다.
We take a break every other Sunday.

매달 세 번째 월요일은 닫습니다.
We're closed every 3rd Monday of the month.

오픈 정보 묻기 필수 표현

언제 닫나요?
When do you close?

└ 30분 후에 닫습니다.
 We close in 30 minutes.

영업시간이 어떻게 되나요?
What are your opening hours?

└ 아침 8시부터 저녁 7시까지요.
 From 8 in the morning to 7 at night.

사원이 주말에도 개방되나요?
Is the temple open on weekends as well?

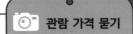

…하는 데 얼마인가요?

How much is it to _____?

★입장권, 관람권, 이용권 등의 가격이 궁금하다면 이렇게 물어보세요. ★

안에 들어가는 데 **얼마인가요?**
How much is it to go in?

이거 해 보는 데 **얼마인가요?**
How much is it to try this?

이거 타 보는 데 **얼마인가요?**
How much is it to ride this?

저거 보는 데 **얼마인가요?**
How much is it to watch that?

이거 한 시간 동안 이용하는 데 **얼마인가요?**
How much is it to use this for an hour?

---

per ~당
admission/entry/entrance 입장
fee/rate 요금

tourist attraction 관광지
student 학생
child 어린이

124

매표소 직원의 대답 알아듣기

하루에 35달러요.
35 dollars a day.

시간당 18불이요.
18 bucks per hour.

라켓당 12달러요.
12 dollars a racket.

한 명당 10유로요.
10 euros per person.

세션당 20링깃이요.
20 ringgits per session.

가격 묻기 필수 표현

성인 입장료는 얼마인가요?
How much is the entry fee for adults?

└ 무료예요.
It's free.

이건 무슨 줄이에요?
What's this line for?

표는 어디서 살 수 있나요?
Where can I buy a ticket?

관광 정보 센터가 어디에 있나요?
Where's the tourist information center?

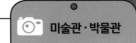

미술관·박물관

—— 한국어로 된 ···이 있나요? ——

Is there
in Korean?

★ 미술관이나 박물관에서는 한국어 서비스가 제공되는 경우도 있어요.
내가 간 곳에도 한국어 서비스가 있는지 묻고 싶다면 이렇게 말하세요. ★

한국어로 된 지도가 있나요?
Is there a map in Korean?

한국어로 된 브로슈어가 있나요?
Is there a brochure in Korean?

한국어로 진행되는 가이드 투어가 있나요?
Is there a guided tour in Korean?

한국어로 된 오디오 가이드가 있나요?
Is there an audio guide in Korean?

한국어로 된 프로그램 책자가 있나요?
Is there a program booklet in Korean?

WORDS

yes/sure/of course 물론이죠
no/unfortunately/sorry 아니요
special exhibit 특별 전시

art gallery 미술관
cloakroom 휴대품 보관소
coin locker 동전 보관함

미술관 · 박물관 직원의 대답 알아듣기

그럼요, 여기요.
Sure, here it is.

아쉽지만, 없어요.
Unfortunately, we don't.

물론이지요. 여기 있습니다.
Of course. Here you go.

네, 하지만 월요일에만 있어요.
Yes, but only on Mondays.

영어와 불어로만 있습니다.
We only have it in English and French.

미술관 · 박물관 관람 필수 표현

모네의 작품들은 어디에서 찾을 수 있나요?
Where can I find Monet's works?

 여기 박물관 지도를 드릴게요.
Here's a map of the museum.

 우린 여기에 있어요. 모네의 작품들은 저기에 있고요.
We are here. Monet's works are there.

기념품 가게는 어디에 있나요?
Where's the gift shop?

그럼 신청할 수 있나요?
Then can I sign up for it?

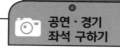

--- ··· 좌석 주세요. ---

I'll take the ☐ seats.

★ 경기장, 공연장, 극장 등에서 선호하는 좌석을 고를 때 사용하면 좋은 표현입니다. ★

앞줄 **좌석 주세요.**
I'll take the front row **seats.**

경기장 주변 **좌석 주세요.**
I'll take the courtside **seats.**

1층 **좌석 주세요.**
I'll take the first floor **seats.**

뒤쪽 **좌석 주세요.**
I'll take the seats near the back.

B 섹션 **좌석 주세요.**
I'll take the seats in the B section.

WORDS

seat 좌석
change seats 좌석을 바꾸다
festival 축제

performance 공연
game/match 경기
play 연극

128

● 상대방의 말 알아듣기

어떤 좌석을 원하세요?
Which seats would you like?

중간 좌석도 괜찮을까요?
Would middle seats be okay?

특별히 선호하는 자리가 있으신가요?
Do you have a seating preference?

초록색 좌석에서 고르세요.
Choose from the green colored seats.

화면에서 좌석을 고르실 수 있습니다.
You can choose your seats on the screen.

● 공연 · 경기 좌석 구하기 필수 표현

공연[경기]는 얼마 동안 하나요?
How long is the performance[game]?

∟ 2시간 정도 해요.
It goes for about 2 hours.

〈시카고〉 성인 두 장 주세요.
2 adults to *Chicago*, please.

중간에 쉬는 시간이 얼마나 긴가요?
How long is the intermission?

프로그램 책자도 하나 주세요.
I'll get a program booklet as well.

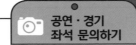

— 그러면 무슨 …이 남았나요? —

Then which are available?

★급하게 공연, 경기, 영화 등의 표를 구매해야 할 때 사용하면 좋습니다.★

그러면 무슨 좌석이 남았나요?
Then which seats are available?

그러면 무슨 요일이 남았나요?
Then which days are available?

그러면 무슨 시간대가 남았나요?
Then which times are available?

그러면 무슨 공연이 남았나요?
Then which shows are available?

그러면 무슨 영화가 남았나요?
Then which films are available?

WORDS

sold out 매진	**waiting list** 대기자 명단
fully[all] booked 예약이 찬	**first class** 1등석
full house 만석	**since** ~ 이후로

● 매표소 직원의 대답 알아듣기

8시 30분 공연은 예약이 다 찼어요.
The 8:30 show is fully booked.

1등석은 매진입니다.
First class tickets are sold out.

오늘 밤 공연은 매진입니다.
All seats are booked for tonight.

죄송합니다만 내일은 만석입니다.
I'm afraid it's a full house tomorrow.

그건 지난주부터 매진이었어요.
That has been sold out since last week.

● 공연·경기 좌석 문의 필수 표현

안에 코인 라커가 있나요?
Is there a coin locker inside?

└ 아니요, 하지만 휴대품 보관소는 있어요.
No, but we do have a cloakroom.

그때는 누가 연주[연기] 하나요?
Who's playing at that slot?

죄송합니다만, 안에서 사진을 촬영하시면 안 됩니다.
Sorry, you can't take pictures inside.

그 공연은 몇 좌석 남아 있어요.
We have a few seats left for the show.

131

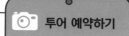

투어 예약하기

— ··· 투어를 예약하고 싶어요. —

I'd like to book a [ ] tour.

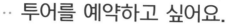

★여행사나 관광 안내 데스크에서 투어를 예약할 때 쓸 수 있는 표현입니다.★

시내 투어를 예약하고 싶어요.
I'd like to book a city **tour.**

야간 투어를 예약하고 싶어요.
I'd like to book a night **tour.**

유람선 투어를 예약하고 싶어요.
I'd like to book a cruise **tour.**

개인 투어를 예약하고 싶어요.
I'd like to book a private **tour.**

에펠탑을 포함한 투어를 예약하고 싶어요.
I'd like to book a tour that includes the Eiffel Tower.

WORDS

popular 인기 있는
best-seller/hit 잘 팔리는
rave review 극찬

extra fee[charge] 추가 요금
cancellation fee 취소 수수료
if it rains 비가 내리면

132

관광 안내소 직원의 대답 알아듣기

이게 히트예요.
This one's a hit.

이게 가장 잘 팔리는 거예요.
This is our best-seller.

이 투어가 제일 인기가 많아요.
This is the most popular tour.

이게 늘 극찬을 받아요.
This one always gets rave reviews.

이게 한국인들에게 인기가 아주 많아요.
This one's very popular among Koreans.

투어 예약 필수 표현

픽업은 언제, 어디서 하나요?
When and where is pickup?

힐튼 호텔 근처에 픽업 장소가 있나요?
Is there a pickup point near Hilton Hotel?

이 금액에 식사도 포함된 건가요?
Does the price include meals?

특별히 가져와야 할 준비물이 있나요?
Do I have to bring anything in particular?

이 둘의 가장 큰 차이는 뭔가요?
What's the main difference between the two?

안약·기내

교통수단

숙소에서

식당에서

쇼핑할 때

관광할 때

이동통신상점

스피드

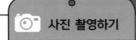

사진 촬영하기

— ··· 사진 촬영해도 되나요? —

May I take a picture ____?

★ 여행에서 사진은 빼놓을 수 없죠!
하지만 사진을 찍으면 안 되는 곳도 있으니 사전에 물어보고 찍어야 합니다. ★

여기 **사진 촬영해도 되나요?**
May I take a picture here?

이거 **사진 촬영해도 되나요?**
May I take a picture of this?

당신을 **사진 촬영해도 되나요?**
May I take a picture of you?

당신과 같이 **사진 촬영해도 되나요?**
May I take a picture with you?

저거 **비디오 촬영해도 되나요?**
May I take a video of that?

not allowed/prohibited 금지된
horizontally 가로로
vertically 세로로

one more time 한 번 더
another one 하나 더
press here 여기를 누르세요

상대방의 대답 알아듣기

아쉽지만 안 됩니다.
I'm afraid you can't.

공연이 시작한 뒤에는 안 됩니다.
You can't once the show starts.

플래시 사진은 금지입니다.
Flash photography is not allowed.

내부에서는 사진 촬영이 금지되어 있습니다.
Taking pictures inside is prohibited.

사진은 괜찮지만, 비디오 촬영은 금지입니다.
Photos are okay, but videos are not allowed.

사진 촬영 필수 표현

왜 찍으려는 건가요?
What for?

└ 그냥 개인 추억용으로요. 너무 예뻐서요.
Just for personal memory. It's so pretty.

어디를 누르면 되나요?
Where do I press?

저희 사진 좀 찍어 주실 수 있나요?
Could you take a picture of us?

사진을 이메일로 보내 드릴까요?
Do you want me to email you the photos?

135

• 관광지에서 대화하기

🎧 MP3 06-09

👩 여행자	Hi! May I take a picture with you?
🙂 연주자	Of course!
👩 여행자	Excuse me… Could you take a photo of us?
🧑 행인	Okay. Where do I press?
👩 여행자	Here. Thank you so much!
🧑 행인	One two three. Say cheese!
👩 여행자	Thank you! Thank you!

- 여행자　　안녕하세요! 같이 사진 찍을 수 있나요?
- 연주자　　물론이죠!
- 여행자　　(근처에 있는 사람에게) 저기… 저희 사진 찍어 주실 수 있나요?
- 행인　　네. 어디 누르면 돼요?
- 여행자　　여기요. 정말 감사합니다!
- 행인　　하나 둘 셋. 김치!
- 여행자　　(사진 촬영해 준 사람에게) 감사합니다! (연주자에게) 감사합니다!

· 한눈에 보는 표지판

🎧 MP3 06-10

**NO
TRESPASSING**
불법 침입 금지

**DO NOT
TOUCH**
만지지 마시오

**AUTHORIZED
PERSONNEL
ONLY**
관계자 외
출입 금지

**NOT
DRINKING
WATER**
식수 아님

**TOURIST
INFOMATION**
관광 정보

CLOAKROOM
물품 보관소

**OPENING
HOURS**
운영 시간

**DO NOT FEED
THE ANIMALS**
동물들에게
먹이를 주지
마시오

·저자 강력 추천 관광명소

스톡홀름 시립 도서관(Stockholms Stadsbibliotek)
스웨덴, 스톡홀름

유럽 현대 건축사에서 빼놓을 수 없는 건축물 중 하나. 책으로 둘러싸인 원형의 로툰다 가운데 서 있으면 마치 인류의 지식 창고 한 켠에 온 것 같아 심장이 콩닥거린다. 집중하기도 좋아 카롤린스카 대학생 시절 실제로 여기서 공부를 많이 했다.

#군나아스플룬트 #자연광 #책벌레_놀이터

사그라다 파밀리아(Sagrada Família)
스페인, 바르셀로나

136년째 건축 중인 대성당. 얼핏 보면 거대한 옥수수에 촛농이 녹아 붙은 듯한 기괴한 외관이지만 보면 볼수록 건축가 안토니오 가우디의 섬세함과 천재성에 감탄하게 된다.

#유네스코_세계유산 #미완성 #2026_완공

테푸이아(Te Puia)
뉴질랜드, 로토루아

화산 활동이 잦은 로토루아의 3대 간헐천 중 하나. 온천에 갓 삶은 옥수수와 국산 앵커버터의 조합은 지독한 유황 냄새도 참게 한다. 뉴질랜드 국조인 키위새와 마오리족 전통춤인 하카 공연도 볼 수 있다.

#어머님_필수코스 #피부미용

그랜드 캐널(Canal Grande)
이탈리아, 베니스

베네치아의 중심을 역S자 모양으로 흐르는 대운하. 저녁에 곤돌라를 타고 내려가면 대운하 양옆으로 금빛의 건물들이 물에 반사되는데 그야말로 저절로 사랑에 빠지는 분위기가 된다.

#인생야경 #로맨틱 #멀미주의

퐁피두 현대 미술관(Musée National d'Art Moderne)
프랑스, 파리

퐁피두 센터 안에 있는 현대미술관. 유럽의 MoMA라 불릴 정도로 방대한 컬렉션을 자랑하지만 루브르나 오르세 미술관에 비해 조용해 오롯이 작품에 집중할 수 있다. 관람 후 퐁피두 센터 앞 광장에서 예술가들의 공연은 덤.

#20세기 #21세기 #5층_전망대

웨스트 엔드(West End Theatre District)
영국, 런던

뉴욕의 브로드웨이와 함께 뮤지컬의 메카이자 양대 산맥으로 꼽히는 런던의 웨스트엔드. 50여개의 극장에서는 다양한 가격대의 티켓과 공연 시간대가 있다.

#뮤지컬_본고장 #할인티켓 #쇼타임

CHAPTER
7

▲
MP3
동영상강의

응급상황

··· 약이 필요해요. ───

I need something for ___ .

★약을 사고 싶은데 표현하기 어렵다고요?
아래 표현처럼 증상을 함께 알려 주면 쉽게 약을 살 수 있습니다.★

설사 약이 필요해요.
I need something for diarrhea.

두통 약이 필요해요.
I need something for a headache.

변비 약이 필요해요.
I need something for constipation.

생리통 약이 필요해요.
I need something for period pain.

콧물 감기 약이 필요해요.
I need something for a runny nose.

WORDS

take/have 복용하다	**ointment** 연고
two times a day 하루에 두 번	**pills** 알약
pharmacy/drug store 약국	**cold** 감기

● 약사의 지시 알아듣기

하루에 식후 세 번입니다.
Three times a day after meals.

4시간마다 두 알씩 드세요.
Take two tablets every 4 hours.

하루에 두 번, 1캡슐씩 복용하세요.
Take a capsule two times a day.

취침 전 한 숟가락 드세요.
Have a spoonful before bedtime.

두 개 복용하세요. 아침에 하나, 저녁에 하나.
Take two. One in the morning, one at night.

● 약 구입 필수 표현

처방전이 있으신가요?
Do you have a prescription?

ㄴ 아니요, 병원에는 안 가 봤어요.
No, I haven't seen a doctor.

드시고 계신 약이 있으신가요?
Are you taking any medication?

ㄴ 지금은 아무것도 안 먹고 있어요.
I'm not taking anything at the moment.

이 약을 먹으면 졸릴까요?
Will this make me drowsy?

—— …부터 이랬어요. ——

It's been like this since ____.

★통증, 붓기, 염증 등이 언제부터 시작됐는지 알려 줄 때 사용하면 좋은 표현입니다.★

일어날 때부터 이랬어요.
It's been like this since I woke up.

어제부터 이랬어요.
It's been like this since yesterday.

지난 금요일부터 이랬어요.
It's been like this since last Friday.

저녁식사 이후부터 이랬어요.
It's been like this since I ate dinner.

사고 이후부터 이랬어요.
It's been like this since the accident.

how long 얼마나
since ~부터, ~이후
dizzy 어지러운

nauseous 메스꺼운
throw up 토하다
sprain wrist 손목을 삐다

의사의 질문 알아듣기

얼마 동안 아팠나요?
How long has it been hurting?

얼마나 오랫동안 이랬나요?
How long has it been like this?

언제부터 이렇게 느꼈나요?
Since when did you feel this way?

얼마나 오랫동안 이랬나요?
For how long has it been this way?

증상이 언제부터 나타났나요?
Since when did the symptoms appear?

증상 기간 말하기 필수 표현

 어디가 아프신가요?
What seems to be the problem today?

진찰 받으러 왔어요.
I'd like to see a doctor.

(진료비가) 얼마나 들까요?
How much will it cost?

어깨를 움직일 수 없어요.
I can't move my shoulders.

제 발목이 붓고 쑤셔요.
My ankle is swollen and sore.

일양·기내

교통수단

숙소에서

식당에서

쇼핑할 때

관광할 때

응급상황

인덱스

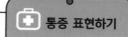

통증 표현하기

···한 통증이에요.

It's a ____ pain.

★ 어떤 종류의 통증인지 설명할 때 어렵게 말할 필요 없어요.
위 패턴에서 빈칸에 아픈 부위나 증상을 나타내는 단어만 넣어서 말하면 됩니다. ★

둔한 **통증이에요.**
It's a dull **pain.**

날카롭고 찌르는 듯한 **통증이에요.**
It's a sharp **pain.**

쓰리고 타는 듯한 **통증이에요.**
It's a burning **pain.**

욱신욱신거리는 **통증이에요.**
It's a throbbing **pain.**

쥐어짜는 듯한 **통증이에요.**
It's a cramping **pain.**

what kind 어떤 종류	**get worse** 심해지다
describe 묘사하다	**get better** 나아지다
how 어떻게	**hurt** 다친, 다치게 하다

146

 의사의 질문 알아듣기

어떤 종류의 통증인가요?
What kind of pain is it?

정확히 어떻게 아픈가요?
How does it hurt, exactly?

통증을 묘사할 수 있겠어요?
Can you describe the pain?

더 묘사해 주시겠어요?
Can you describe it further?

어떤 종류의 통증이라고 말할 수 있을까요?
What kind of pain would you say it is?

● 통증 말하기 필수 표현

심각한가요?
Is it serious?

수술이 필요한가요?
Do I need surgery?

저녁엔 통증이 더 심해져요.
The pain gets worse at night.

제 팔도 확인해 주시겠어요?
Can you check my arms as well?

 엑스레이를 찍어야 해요.
We should take an x-ray.

인사말·기내

교통수단

숙소에서

식당에서

수영할 때

관광할 때

응급트상황

인터넷

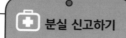

분실 신고하기

── A를 B에 두고 왔어요. ──

I left my A
on/in/at the B.

★개인 소지품을 분실했을 때 사용하면 좋은 표현입니다★

핸드폰을 버스에 두고 왔어요.
I left my phone on the bus.

가방을 전철에 두고 왔어요.
I left my bag on the subway.

신용카드를 택시에 두고 왔어요.
I left my credit card in the taxi.

지갑을 화장실에 두고 왔어요.
I left my wallet in the rest room.

재킷을 식당에 두고 왔어요.
I left my jacket at the restaurant.

describe 묘사하다
look 모양
in/inside ~(안)에

leather 가죽
case 케이스
about this big 이 정도 크기

● 상대방의 질문 알아듣기

❌ 안학·기내

⑩ 교통수단

🖪 숙소에서

◑ 식당에서

◐ 쇼핑할 때

🅱 관광할 때

◉ **응급상황**

인덱스

안에 뭐가 들어 있었나요?
What was in it?

안에 뭐가 있었나요?
What was inside?

어떻게 생겼나요?
What does it look like?

어떻게 생겼는지 묘사해 주시겠어요?
Will you describe how it looks?

네, 겉모습을 묘사해 줄 수 있나요?
Okay, can you describe its appearance?

● 분실신고 필수 표현

제 이름이 적혀 있어요.
It has my name on it.

후드가 달린 남색 코트예요.
It's a navy hooded jacket.

한국어로 세팅된 흰색 아이폰이에요.
It's a white iPhone set up in Korean.

카드 두 장하고 약 40유로어치의 현금이요.
Two cards and about 40 euros in cash.

 분실물 센터는 저쪽에 있어요.
The lost-and-found is that way.

149

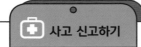

사고 신고하기

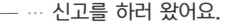

— ··· 신고를 하러 왔어요. —

I'm here to report

.

★사건이나 사고를 신고하러 경찰서에 갔을 때 이렇게 말하면 됩니다.★

도난 신고를 하러 왔어요.
I'm here to report a theft.

침입 신고를 하러 왔어요.
I'm here to report a break-in.

자동차 사고 신고를 하러 왔어요.
I'm here to report a car accident.

실종자 신고를 하러 왔어요.
I'm here to report a missing person.

성희롱 신고를 하러 왔어요.
I'm here to report sexual harassment.

fill in/fill out 기입하다, 작성하다
thief 도둑
pickpocket 소매치기

security camera 방범 카메라
witness 목격자
evidence 증거

150

MP3 07-05

상대방의 요청 알아듣기

이걸 작성해 주세요.
Fill this in, please.

서류를 작성해 주시겠어요?
Would you fill in this form?

이 문서를 작성해 주세요.
Please fill out this document.

이 양식을 작성해 주시겠어요?
Could you fill this form out, please?

기다리시는 동안 양식을 작성해 주시겠어요?
Can you fill this in while you're waiting?

사고 신고 필수 표현

제일 가까운 경찰서는 어디인가요?
Where's the nearest police station?

신고서를 인쇄해 주시겠어요?
Could you print me the report?

한국 대사관에 전화해 줄 수 있나요?
Could you call the Korean embassy?

어떻게 된 일인지 말씀해 주세요.
Tell me what happened.

언제, 어디서 그 일이 일어났나요?
When and where did it occur?

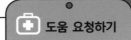

도움 요청하기

··· 을 불러 주세요.

Please call

★ 응급상황 발생 시 지나가는 사람에게 어디에 전화해 달라거나
도움을 청할 때 이렇게 말하면 됩니다. ★

경찰을 불러 주세요.
Please call the police.

이 번호에 전화해 주세요.
Please call this number.

구급차를 불러 주세요.
Please call the ambulance.

경비원을 불러 주세요.
Please call the security guard.

한국 대사관에 전화해 주세요.
Please call the Korean embassy.

bleed 피를 흘리다
injured 부상을 입은, 다친
missing 실종된, 없어진

drowning 물에 빠진, 익사한
breathe 숨을 쉬다, 호흡하다
emergency 비상, 응급

152

● 상황 자세히 설명하기

제 아들이 피를 흘려요.
My son's bleeding.

제 어머니가 다쳤어요.
My mother's injured.

제 딸이 없어졌어요.
My daughter's missing.

제 남편이 물에 빠졌어요.
My husband's drowning.

제 친구가 숨을 안 쉬어요.
My friend's not breathing.

● 도움 요청 필수 표현

빨리요!
Quickly!

무서워요.
I'm scared.

서둘러 주세요.
Please hurry.

눕고 싶어요.
I want to lie down.

급해요.
It's an emergency.

· 분실물 센터에서 대화하기

🎧 MP3 07-07

🧑 여행자   Hi. I left my jacket in the rest room.

👮 직원   Okay, how long ago?

🧑 여행자   About 2 hours.

👮 직원   What does it look like?

🧑 여행자   It's a navy jacket with a hood.

👮 직원   I'll have a look.

          (···)

👮 직원   Is this it?

🧑 여행자   Yes, that's it!

· 여행자   안녕하세요. 재킷을 화장실에 두고 갔어요.

· 직원   네, 얼마 전이었나요?

· 여행자   두 시간 전쯤에요.

· 직원   어떻게 생겼나요?

· 여행자   후드가 달린 남색 코트예요.

· 직원   한번 볼게요.

          (···)

· 직원   (잠시 후) 이건가요?

· 여행자   네, 그거예요!

· 한눈에 보는 표지판

🎧 MP3 07-08

FIRE EXIT
비상구

EMERGENCY
비상, 응급

FIRST AID
응급 처치

POLICE
경찰(서)

PATIENT PARKING
환자용 주차장

DANGER /KEEP OUT
위험/출입 금지

FIRE EXTINGUISHER
소화기

AED
자동제세동기

· 응급상황 필수 단어

분실 · 도난

lost 분실	**robbery** 도난
pickpocket 소매치기	**reissue** 재발급하다
bag 가방	**wallet** 지갑
passport 여권	**mobile phone** 휴대폰
police station 경찰서	**police report** 경찰 신고서
lost and found 분실물 보관소	**Korean embassy** 한국 대사관

사고 · 병원

hospital 병원	**pharmacy/drug store** 약국
ambulance 구급차	**travel insurance** 여행자 보험
throw up 토하다	**diarrhea** 설사
sick 아픈	**stomachache** 복통
painkiller 진통제	**pill/tablet** 알약
car accident 자동차 사고	**crash** 충돌하다

· 처방전 없이 살 수 있는 약

	주요 성분	미국/캐나다	영국
진통제 (타이레놀)	Acetaminophen Paracetamol	Panadol Tylenol	Panadol
해열제 (부루펜)	Ibuprofen	Advil	Brufen Nurofen
소화제 (베아제)	복합	Alka-Seltzer Pepto-Bismol	ENO Rennie Gaviscon
지사제 (로프민)	Loperamide	Imodium	Imodium
감기약 (판콜, 판피린)	복합	NeoCitran DayQuil/NyQuil	Day & Night Nurse LEMSIP
상처 소독 (빨간약)	Povidone-Iodine iodopovidone	Betadine	Betadine
상처 연고 (후시딘, 마데카솔)	복합	Polysporin	Bepanthen

TIP

1. 나라마다 약 이름이 다르므로 약 성분으로 얘기하면 이해가 빠르다.
2. 자주 복용하는 약이 있다면 한국에서 미리 챙겨가는 것을 추천한다.

공항·기내
교통수단
숙소예서
식당예서
쇼핑할 때
관광할 때
이동안양향
인덱스

INDEX

✈ 공항 · 기내에서

🚌 교통수단

🏠 숙소에서

관광·기내
교통수단
숙소에서
식당에서
쇼핑할 때
관람할 때
응급상황
인덱스

🔵 식당에서

🛒 쇼핑할 때

양약·기내
교통수단
숙소에서
식당에서
쇼핑할 때
관광할 때
응급상황시
서비스

📷 관광할 때

⊙ 응급상황

관광·기내
교통수단
숙소에서
식당에서
쇼핑할 때
관광할 때
응급상황
인덱스